JN297520

人間形成の基礎理論

［第四版］

山邊 光宏 著

Mitsuhiro Yamabe

Principles of Character Formation

東信堂

第四版の刊行に際して

この書は平成二十一年九月発行の『人間形成の基礎理論』（第三版）を改訂したものである。平成二十七年三月に、小学校学習指導要領の一部を改正する告示及び中学校学習指導要領の一部を改正する告示が公示された。今回の改正は、平成二十六年十月の中央教育審議会答申「道徳に係る教育課程の改善等について」を受け、道徳教育の改善・充実を図るため、道徳の時間を教育課程上、特別の教科である道徳として新たに位置付けることとなった。これに伴って、本書の第三版を新たに改訂し、第四版として刊行することに踏み切ったのである。

学習指導要領の一部改正に直接関係する第五・六・七章は、大幅に手を入れ加除を施した。第二章第一節も加除を施した。その他の章については、基本的には変える必要がないと考えたので、第三版をほぼそのまま再録することにした。ただ、時代の変化に伴う、字句の修正などは適宜に行った。

東信堂の下田勝司社長を始め、社の皆様方には、本書の初版、第二版、第三版、そして今回の第四版刊行に際しても、格別の御高配をいただいた。まことに感謝に堪えない思いで、厚くお礼申し上げる次第である。

平成二十七年八月八日

山邊　光宏

まえがき

本書は、教育即人間形成、人間形成即道徳教育の立場をとるものである。より厳密に言えば、単なる人間形成ではなく、倫理的、もしくは道徳的な人間形成こそが、道徳教育であるとする見地である。この意味における人間形成や道徳教育は、人間形成一般、もしくは教育一般のなかにあって中心的、かつ究極的な地位を与えられるべきものであろう。従って、教育の究極目的は、倫理的・道徳的人間の形成であると言ってよい。

一つには右のような見地から、本書の名を『人間形成の基礎理論』としたが、『道徳教育の基礎理論』とすることもできる。また、一つには本書を一貫する特色が、人間形成の本質的・基礎的理論の探究であることから、この書名に決まったのである。たとえ実践にきわめて密接に関連し、実践に直結したところであっても、それはいわば「実践的基礎理論」であり、「実践に直結した原理」になっている。

例えば、具体的な「道徳教育の全体計画」とか、「道徳の指導案」などは、各々の学校の置かれた状況のなかでそれぞれ創意工夫して作成するほかない。ただ、そうした場合における共通の基礎原理だけは、本書で示すことができたのではないかと考える。言い換えれば、本書は、実践的な関心から生まれ、実践に直結した内容も多いが、決して現場の実態報告や実践記録の類ではない。

以下に、本書の構成を紹介するが、それによってこの本の特色がより明らかになり、著者の意図やねらいも分かっていただけると思う。

まず第一章では、「人間とは何か」「人間いかに生きるべきか」という人間の本質と使命とについて哲学的に探究し、こうしたあらゆる探究は、結局それらの実現のための具体的方法論としての人間形成の問題に集結する、ということを論ずる。すなわち、「人間形成の本質は何か」、これを教育哲学的視座から明らかにしようとする。従って、倫理学、哲学、及び教育学が互いに密接に関連し合った内容になっている。

第二章では、「人間形成と道徳性の発達」の問題を考察する。発達心理学がベースになってはいるが、適宜に教育学的視点をも導入している。

第三章では、「アメリカにおける人間形成思想の特質」を史的に考察する。その理由は、特に戦後、わが国における人間形成の理論と実践とに対して最大の影響を与えた国は、何と言ってもアメリカだからである。筆者は、アメリカの人間形成思想を、単に狭く教育学的にではなく、あくまでもアメリカの社会的・文化的・歴史的背景との関連に着眼してできるだけ壮大なスケールで探究していこうとした。

第四章では、「わが国における人間形成の歩み」を概観する。明治から今日に至るまでの「日本道徳教育史」が、その内容となっている。本章第五節の「戦後の道徳教育」は、アメリカをぬきにしてはありえなかったのだから、そこのところのよりよき理解のためにも、第三章が必要と思われる。

以上第一章から第四章までは、哲学的・倫理学的、心理学的、及び歴史的な考察というそれぞれの違いはあるが、いずれもみな実践的というよりも、むしろ理論的である。先取りして言えば、第八章と第九章も、同様であろう。それらをひとまとめにして「理論編」と呼んでもよい。

それに対して、第五章から第七章までは、いわば「実践編」であり、「学校における道徳教育の実践」が共通の内容となっている。そのなかでも、第五章と第六章は、より基礎的、原理的であり、第七章はいっそう実践に直結した、またきわめて具体的な問題を扱っている。しかし、ハウ・ツーものでもなければ、先にも述べたように、決して現場の実態報告でもない。だから、第七章の内容は、実践に直結した基礎理論の展開と言ってよかろう。

第八章では、「子どもをとりまく環境と子どもの生活との関連から見た人間形成」の問題へと論を進める。人間形成は、学校だけで行われるのではない。子どもは、あるいは家庭生活を通して、あるいは自然や社会や文化によって教育される。本章では、そのように教育の意図も方針もなく、まるで空気のように子どもに影響を及ぼす道徳教育について考察している。

結びの第九章では、「人間形成における子ども・保護者・教師」と題して、家庭と学校における人間形成に不可欠な人間学的基本前提について論究した。

この書は、あまりにも拙いものではあるが、私が単著の形で一冊の書物を世に送るのは、今回が初めてである。これは、長年にわたって温かくご指導いただいた先生方のお陰である。積年の学恩を思わずにはおれない。広島大学大学院時代の恩師で今は亡き杉谷雅文先生、滋賀大学名誉教授の村田昇先生、広島大学教授の小笠原道雄先生には、格別のご指導を賜り深く感謝申し上げたい。

出版にあたっては、東信堂の下田勝司社長から御高配をいただいた。厚くお礼申し上げる次第である。

なお第二章、第四章及び第七章は、まったく新たに書き下ろしたもの、それ以外の章は基本的には既発表のもので、以下の通りである。

第一章　道徳と人間形成——杉谷雅文編著『現代教育の根本問題』(学苑社、一九八〇年)所収の「教育と道徳」に多少の加除を施したが、ほぼ再録。

第三章　アメリカにおける人間形成思想の源流と特質——上田薫・平野智美編著『新しい道徳教育の探究』教育学講座一六（学習研究社、一九七九年）所収の「現代アメリカ社会の特質と道徳教育」をほぼ再録。

第五章　道徳教育の全体構造——村田昇編著『道徳教育論』（新版）現代の教育学②（ミネルヴァ書房、一九九〇年）所収「道徳教育の全体構造」に多少の加除を施したが、ほぼ再録。

第六章　人間形成としての生徒指導と道徳教育——小笠原道雄編著『道徳教育原論』教職科学講座第一三巻（福村出版、一九九一年）所収の「生活指導と道徳教育」をほぼそのまま再録。

第八章　子どもをとりまく環境と人間形成——赤塚徳郎・森楙《もりしげる》編著『乳幼児の保育原理』保育入門シリーズ第一三巻（北大路書房、一九七九年）所収の「自然・社会・文化環境と保育」に基づきながらも、大幅に手を入れ加筆したものである。

第九章　人間形成における子ども・保護者・教師——小笠原道雄編著『道徳教育の理論と実践』（福村出版、一九八五年）所収の「道徳教育における子ども・親・教師」をほぼそのまま再録。

（初版の刊行に際して）

平成五年十一月二十一日

山邊　光宏

目　次／人間形成の基礎理論（第四版）

人間形成の基礎理論〔第四版〕

第一章　道徳と人間形成

第一節　道徳とは何か

「道徳」とは何か。また、その類似語としての「倫理」とは何か。これを明らかにするために、それらの語義から考察したい。

1　道徳の語義

まず倫理の「倫」であるが、これは「なかま」「ともがら」を意味し、和辻哲郎（1889-1960）によれば、仲間とは一面において人びとの中であり間でありつつ、しかも他面において、このような仲や間における人びとなのである。こうして倫とは「人を単に複数的に見たのではなく、そこでは人びとの間の関係とこの関係によって規定された人びとが意味されている」のである。また、「倫」は「みち」「すじみち」「ついで（序）」「順序」「のり（法、紀）」等をも意味する。すなわち「倫」とは、われわれ人間の仲間とその人間関係や社会関係と共に、その道や「のり」や秩序をも意味するのである。

ところが、倫理の「理」とは、「ことわり」であり「すじみち」である。だから、この「理」は「倫」の第二の意味を重ねて強調したものと言える。そこで「倫理」とは、われわれ人間の仲間関係ないし社会関係とその関係の道、あるいは理法を意味することになる。

次に、道徳の「道」であるが、道とは、人の通行する道路の意から、やがて人間として守り行うべき「すじみち」、あるいは人間として践《ふ》み行うべき「みち」の意味が加わった。だから、道徳の「道」は、倫理の「倫」にも「理」にも通じている。

それに対して「徳」は、この道を不断に践み行うことによって、いわばそうした行為の蓄積として人間に現われた品性である。「徳は得なり、身に得るものなり」と言えよう。道徳の「徳」は、人倫の道をわが身に得て、それを実行することであると共に、そうした道を体得していて、いつでもおのずからそうした道にかなった行為をすることができるような、人格ないし品性を意味する。

従って、道徳とは一方で、客観的に存在する社会的規範であり、他方ではその規範に合致した不断の態度と行為が可能な人格という意味あいを持っていると言えよう。

以上のことは、外国語についてはどうであろうか。「倫理（学）」にあたるethics（英）、Ethik（独）は、ギリシア語のēthos（エートス）に由来する。ēthosは、もともと鳥や獣の一定のすみか、またその場所に特有な雰囲気を意味したが、やがて社会的な精神風土としての「習俗」と個人的な性格や「習性」とを共に含む言葉になった。ここで、倫理にかかわる領域にも、二つの次元があることが確認できる。

「道徳」に相当するmoral（英）、Moral（独）は、ラテン語のmoresに由来している。そしてこのmoresもēthosと同じく、「習俗・習性」の意である。このように道徳や倫理が、いずれも習俗・習性の意から派生したことは、道徳と倫理の本質を考える上で、忘れてならぬ点である。

2　超個人的道徳と個人的倫理

洋の東西を問わず、道徳と倫理との間には、これといった意味上の差異はなく、事実、両者はしばしば区別することなく用いられているようである。にもかかわらず人により論者によって、これら二つの言葉が、あまり厳密ではないにしても、とにかく一応区別して使われていることもまた確かである。

シュプランガー(Spranger, E., 1882-1963)は、道徳というものを「超個人的道徳」と「個人的倫理」との二つに類別している。前者は「社会的道徳」とも「集団的道徳」とも、あるいはまた「国民道徳」とも言いかえることができる。この種の道徳は、超個人的精神の現象形式であり、個々人を広く非組織的に規制する生活秩序でもある。そうしてそれは、もともと風習、習俗、慣習などから生じてきたのであり、また今日そのようなものとして存在してもいる。これに対して後者、すなわち個人的倫理は、自己自身の内奥の良心による、道徳的な価値判断と態度決定とに基づいた個人的・自己決定的・自律的な行為規制を意味する。ゆえに、規範も規則も、自己自身が自己自身に与え、自己自身から出てくる。その際、個人が社会的道徳の規則に完全に服従するとしても、彼は強制されるからではなく、その規則に対する内的尊敬のゆえに、そうするのである。これは、「社会的道徳の内面的自覚」と呼ぶことができるであろう。

それでは次に、右の二種の道徳の相互関係について考えてみよう。まず、個人的倫理は社会的道徳を基盤にして、もしくは背景にしてはじめて発達しうるということである。個人的倫理は、道徳的真空状態のなかでは、決して発達することができない。ちょうど個人がある言語圏のなかに生み込まれているように、彼は広く承認され通用している道徳的規範のなかに生み込まれてもいるし、またそれに従属してもいるのである。それに従えば、個人は世間に認められ、よい評判や名誉を与えられるが、逆にそれに背くと、非難され名誉を奪われ軽蔑され、時には追放されることさえある。この種の規制によって、一定の道徳的水準が維持されてきたことは確かである。社会が存続し発展するためには、伝統的遺産として継承されてきた既存の道徳が不可欠なのである。

しかし、それだけでは十分ではない。「文は人なり」と言われるように、私たちが文章に表現するものは、共通な日本語の法則と習慣に則りながらも、そこにはそれを書く人の独自な個性と人柄とが表現されている。これと同様に、道徳の場合にも、個々人は共通な集団的道徳としての価値規範に従いながらも、それぞれの人格と個性を表現すべきである。このような個々人の生活態度にかかわる主体的・自律的道徳が「個人的倫理」であり、人間が人格的・個性的存在である限りは、「まさしく私である私自身」の生き方としての、この個人的倫理の確立こそ肝要である。

それゆえに、もし個人が既存の道徳に一方的に規制され、それにそのまま非主体的に服従してしまうとすれば、彼はまだ、真に道徳的である、とは言えない。また、そういうことでは、社会的道徳自体の進歩も望まれえない。というのは、ブル(Bull, N.J., 1916-)も言うように「道徳的進歩は、一般に通用している道徳的おきてに挑戦する個人の自律的良心によって生み出され、かつこのような挑戦においては、社会を超えて働くところの要因がなくてはならぬ」からである。従って、既存の道徳に担われながらこれを担い、さらに創造し発展させる、独自の個人的倫理を有する自律的人格としての個人が求められるのである。個人は、単に他律的に社会的道徳に適合するのみでなく、自己の内密な良心のなかで、それを内面化し是認し尊敬しなくてはならない。これはいわば「個人的倫理のなかに入り込んだ社会的道徳」である。しかし逆に、それを批判、修正、改革する事態も生じるであろう。

一様な、伝統で規定された静止的な社会にあっては、風習に基づく集団的規範は、もちろんのこととして、いわば「当然のこと」として受け入れられる。ところが多元的でダイナミックな社会、もしくは変動する民主的な社会にあっては、事情はまったく違う。このような社会では、伝統的な風習や道徳は、しばしば意味を失う。それらは、化石化して、道徳的動脈硬化を起こすことさえある。このような状況でこそ、特に必要とされ期待されるものは、高いレベルの個人的倫理であり、個々人の良心であると言わなくてはならない。これらによる、既存の規範に対する正しい批判と抵抗も不可欠である。

しかしながら、ここで留意すべきは、既存の規範に対して正しい批判と抵抗とを行わせるものは、決して単なる偶然的な個人としての私ではない、つまり自分本位の利己主義的な私であってはならないということである。それは、シュプランガーのいわゆる、「自我」(Ich ＝ Ego)ではなく、その純化され洗練されたものとしての「自己」(das Selbst)でなくてはならない。この自己とは、すなわち反省的自我であり、低き自我を超えて上級審の性格をおびた「より高き自我」である。そうしてこのより高き自我、すなわち自己の中核をなすものが、知・情・意をも含むところの良心である。つまり良心とは、最高の自我である。だからシュプランガーにあっては、良心とは決して主観性に傾く、自我中心的で狭隘なものではない。むしろそれは自我と独立し、それに対立しており、客観的事実の価値要求に従って態度決定をしようとする。従ってその際、主観的制約や傾向性は、可能な限り捨象されることになる。

まさしくこのような意味における自己、もしくはより高き自我、さらには良心に基づいてのみ、個人は既存の社会的道徳を批判したり、それに挑戦し抵抗して、自己自身の倫理に生きることができ、かつその資格があると言えよう。また、人格におけるより高き自我がより低き自我に対して勝利を得る限りにおいてのみ、つまり自分に勝つことができてこそ、人間は厳密な、また真の意味において「自主的」、あるいは「主体的」、あるいは「自律的」であることができる。従って、「自由」であることもできるし、自由を要求する資格もある。自由や自律性は、「自分で自分を支配すること」と「自制」とを必須不可欠の条件とする、ということを忘れてはならない。

最も完全な意味において人間的・倫理的・精神的成人性にまで到達した人間は、右のような最高段階の自己と個人的良心とを、また同時に最大限の自由をも持つであろう。青少年を助成してそのような人間にまで高めることが、現代教育の理想的到達目標である、と言わなくてはならない。もちろん、これはきわめて高遠な目標であるだけに、最善を尽くしてもなお、人間はその高さにまで至らないかもしれない。しかし、至らないとも限らない。いずれにしても、我々の目指すべき究極目的、あるいは向かうべき方向だけは明確である。

ところで、筆者は繰り返し「個人的良心」という言葉を使用してきたが、これは個人の内奥に宿り存在している良心、という意味において個人的なのであって、決して社会や仲間から孤立している、という意味ではない。あの優れた個人的良心を有する人間は、社会的道徳を自己の双肩に担い、かつそれを少しでも望ましいものに改善する一員となることが、みずからの責任であることを自覚しているのである。「良心」と「責任」とは二つにして一つ、車の両輪、鳥の翼のようなものであり、いずれか一つを欠くと、他のものはほとんど意味をなさなくなることが、その種の人間には分かっているのである。それは、社会の倫理的精神に対する責任をみずから引き受ける点に、自己の最高の名誉を見いだす人間のことである。

責任 (responsibility, Verantwortung) とは、当為的要請が内在している状況を通して語られたこと、これに対して人間が応える用意ができていることを意味している。それで、この応えるという行為には、もはや義務がないのではない。それは、随意に行われてはならないものである。何か重要なことや遂行すべき義務が問題となり、その結果、全人格の投入が必要となる場合に人は責任をうんぬんするのである。人間が責任を引き受けるのは、次のような場合である。すなわち行為に先立って、行うか行わないかを、その結果をも熟慮した上でみずから自由に決断する場合であり、かつまた後になって、自分が欲し行った、もしくは思いとどまったことに対して身をもって保証する場合にである。

規範的要求の実現に必要な洞察と自由とが欠けている人は、たとえそれが発達段階に基づこうと、精神的障害のためであろうと、あるいは外的強制によろうと、そういう人は責任をきびしくは問われないのである。法的にも、彼には責任無能力、もしくは酌量減軽すべき情状が判決によって認められる。逆に、同一の犯罪を犯しても、精神的に健康な人間の場合には、精神病患者の場合よりも、点が辛くなるはずである。まさに自由と責任とは、表裏一体のものであり、両者はまったく不可分の関係にある。このことをわれわれは一瞬も忘れてはならない。奴隷には自由がないので、責任もない。現代の教育が目指すべき理想的人間には、最大限の自由があるので、当然、最大限の責任も伴わなくてはならぬ。また同時に、最大限の自己支配と自制も不可欠なのである。

以上、道徳とは何かという問題、あるいは道徳の本質について考察した。そうして、これまでの所論の中心は、むしろ人間形成としての道徳教育が目指すべき高遠な目標であった。以下、その目標をよりいっそう教育学的に、すなわち「学習の援助」という点から考察してみたいと思う。

第二節　人間形成の二つの形式——社会化援助と人格化援助——

人間形成は「社会化援助」と「人格化援助」という二つの基本的形式において、行われうると言えよう。前者は「他律的道徳の学習援助」のことであり、後者は「自律的道徳の学習援助」のことである。もちろん、言うところの他律的道徳とは、すなわち超個人的・社会的・集団的・外的道徳を意味し、他方、自律的道徳とは、自由な自律的良心に根ざす個人的倫理、もしくは内的道徳を意味するのである。

まず、社会化援助としての人間形成は、社会的諸規範への個々人の適合、期待されている社会的役割への順応、集団的風習や慣習の同化などを助成するのである。次のように言われる場合には、人間形成のこの面のみが考えられていることになる。すなわち、「道徳教育とは、それらの総体が社会もしくはその集団によって『善』だと見なされており、それらに反対することは『悪』だと見なされている、かの諸規範に服従する態度と行為への教育である。そして、それら諸規範の範囲は、風習、慣習、しきたり、道徳的・宗教的風土などによって規定される」と言われる場合にである。

　社会的次元の人間形成は、他律的に、つまり社会的な外的支配によって規定される。そうして画一的に、すなわち伝来の社会的規範組織への一様な編入として行われ、社会的システムの安定もしくは固定化に、すなわち後に続く諸世代がそれを継続しかつ強化することに寄与するのである。

　社会化援助の実際は、なかんずく、以下のような方法によって行われる。すなわち、両親や教師の模範的態度なり行為によって、またそれらを通して呼び起こされた模倣と同一化(imitation and identification)とによって、また教育実践家たちによって支援的な(例えば、賞賛と報酬)、逆に対抗的な(例えば、非難と罰)やり方で推し進められる習慣化と訓練とによって、あるいはまた可能な限り被教育者の知的理解力に訴えてそれを尊重したかのような形でなされる、対話なり話し合いを通して行われるのである。

　それに対して、人格化の援助としての人間形成は、道徳的不自由の段階から、理性と良心とによる道徳的自己決定の段階への解放の形式である。だからそれは、個々人に自律的・批判的・生産的判断、道徳的態度決定と行為などの準備ができていき、かつ彼がそれに対して有能となるよう助成しようとするのである。この個人的次元の道徳教育によって、個々人は、習慣化し、慣例化した行為の型や風習に対して何ら疑問を持たないままこれらを受容し踏襲することから、解放されるべきである。そうしてまた、それらに対抗して批判的距離へと、同様に、より一層の人間性の実現を希求して道徳的自己決定と社会的諸状況の変革へと、解放されるべきである。

　人格化の援助は、あらゆる独断的な絶対的原理や要求を放棄しなくてはならない。すなわちそれは、いかなる価値確信をも絶対的、無条件的、固定的なものとして鼓吹してはならない。それゆえに、教え込み(indoctrination)は、許されない。また、自己の立場を主張するに際しては、常に、相違した諸生活様式や異なった種類の諸価値体系に対する「寛容」も促されるべきである。

寛容は一般に、多様性もしくは多元性に対する寛容を意味しており、これは勝れてアメリカ的概念であると言える。「人種のるつぼ」「世界の縮図」と言われているアメリカ、また広範な草の根民主主義を世界で最も早く実現し、未開状態から急速な近代化への激変を、他のいかなる国よりも急テンポに、かつ大規模に経験したアメリカは、早くから、単に教育のみならず、ありとあらゆる面において典型的に多様であり、かつこれを最大の誇りとも強みともしており、積極的に多様性を促進してきたのである。アメリカ教育の主要な目的の一つは、価値観、生活様式、宗教、ものの見方・考え方などにおける多様性に対する尊敬、理解、容認、譲歩などを、すなわち寛容の精神を青少年に促すことであった。もちろん、人種問題を初めアメリカの矛盾と苦悩は大きい。しかし少なくとも、アメリカは他のいかなる国にもまして多様性について豊かな歴史的経験を積み重ねてきたのであり、かつ多様性の一大実験場であったし、今もそうであることだけは確かな事実である。

今日、わが国も、多元的でダイナミックな社会、変動する民主的な社会となったので、道徳教育も価値や規範などの多様性に対して寛容とならなくてはならない。有限な自己を絶対化することなく、各人がまさに自主的に、譲り合い、理解し合い、認め合い、虚心坦懐に意見を交換し合うことが必要であろう。他に道を譲り、他を理解し認め尊重することをぬきにしては、真の民主主義は実現しえない。

民主主義の要石は、「多様の統一」、すなわち多様性を通しての統一であると言えよう。ただし、民主主義を政治上の民主主義だけに限定して考えるべきではない。多様性を、従って個別性、特殊性、個々人、諸状況などをあくまでも認め大切にすることによって、ある共通で統一的な理想なり目的が目指されるところ、そこにはどこでも民主主義がある。

しかし単に多様性だけでは、混沌と分裂を引き起こすばかりであり、現代の民主的な社会においてしばしば強調されている、多種多様な道徳的立場に対する柔軟な態度は育ちようもない。育つのはただ、社会の多様性と時代の変化と民主主義とを楯にとった、各人各様の勝手気ままなふるまいや、我がままな自己主張や利己主義にほかならない。こういう状態では、社会的道徳は崩壊の一途を辿り、またわれわれのこよなく愛する個人的倫理も、急速に退廃へと向かうのではなかろうか。

にもかかわらず、われわれは、自律的な個人的倫理の形成に対して、あまりにも悲観的になりすぎるべきではなかろう。確かに、民主主義の歴史が浅く、ややもするとはき違えられた自由主義に陥りがちな日本の場合には、欧米諸国に比べてその種の倫理の実現は、きわめて困難であろう。焦ってはだめであり、性急さはかえって失敗をまねく。しかし、先に述べた、われわれの目指すべきあの高遠な目標は変わらない。少なくとも、向かうべき方向だけは不変なものでなくてはならぬ。諸々の障害をあくまでも熟知した上で、人格化の援助を通して目標に一歩でも接近する努力こそ、今日大切なのではなかろうか。

価値多元化の時代における人格化援助としての人間形成が、特に留意すべき点は、具体的な道徳的状況ならびにそこでの諸価値の葛藤であろう。伝統的な道徳教授の最もゆゆしき弱点は、この状況と葛藤とをほとんど配慮しないことであった。われわれは、熟慮吟味することなく無批判的に、全体に通じる一般的諸原理に従うことはできない。というのは、それらは原則としては妥当ではあるが、決して万能ではありえないからである。さらにこれをもっと具体的に表現すれば、現実の具体的・特殊的・個別的生活の複雑な状況においては――特に現代のように多様化した社会では――それら原理の各々は、しばしば相互に幾様にも対立矛盾し合い、葛藤の火花を散らしているからである。もちろん、原理は大切であり、これを熟知していなくてはならない。そうでなければ、状況に振り回される。これがまた、現代人に何と多いことか！　しかし、幾多の原理を、諸価値の葛藤で渦巻いている一つの具体的状況に適用する方法も、知っていなくてはならない。

児童生徒は、諸価値の葛藤する状況のまっただなかに突き落とされ、存分にゆさぶられて悪戦苦闘し動揺し、迷いに迷わなくてはならない。おきまりどおりに順調に進行する道徳授業は、もう過去のものだ。ブルは、人格的自律をゴールとする道徳教育にとって、次のことが大切であると指摘している。すなわち、「具体的状況において諸価値相互の重みをはかるような経験をさせる道徳教育、一つの道徳的おきてに無批判的にしがみつくよりも、むしろ理性を働かすことによって批判的な判断を発達させる道徳教育、それゆえに、道徳的識別力と、道徳的成熟を十分に示すところの柔軟性とを発達させる道徳教育が必要となる」と。

ところが、人間形成に際して重大な危険の一つは、社会化によって人格化が妨げられる、もしくは完全に阻止される、という点にある。人間は、まったく無道徳・無良心・無理性的な状態で生まれてくるのであり、この段階では人間形成は、社会化の援助としてのみ可能である。そうして以後、年齢段階と個人的発達段階とに応じて、最初はごくわずかに、その後しだいに度を増して、人格化の援助によって補完され、置き換えられうるのである。しかし、社会化とそれを支持する教育とが、個々人の行為をあまりにも後の時期に至るまで、かつ強く習慣に即して固定し、彼を無批判的服従へと強制し、もっぱら外的支配によって「過剰適応」へそそのかし、彼に独断的価値確信をたたき込み、彼を良心の外的操作と型にはまった心情の形成とに隷属させる場合には、個々人の人格化、従って成人性到達もほとんど不可能となるのである。「過剰適応」もしくは「社会化過剰」は、個々人の「創造性」「自発性」「柔軟性」「開放性」などをことごとく押しつぶし、自律性の芽をつみとってしまう。

強制とか外的支配によって引き起こされる社会化過剰には、大別して二種あるようだ。一つは封建時代のそれであり、この場合には強制や外的支配は、文字通り権力や腕力に訴えようとし、強圧的・弾圧的であり、かつ意識的である。今一つは、現代に特有なものであり、この場合には強制や外的支配は、世話のやきすぎや過保護と一体になっているように思われる。それだけに、強制している方としては、強制しているとは思っていないことが多い。

保護者(特に父親)や教師の権威が失墜してきた現代では、彼ら大人は、かつてほど威圧的に厳しく子どもたちを支配し規制しなくなった。いわゆる「ものわかりのよい」大人が、なんと増えたことだろう。同時に世話のやきすぎ、きちょうめんすぎてこせこせした保護、冒険の禁止、必要以上の干渉、要するに過干渉と過保護が、子どもたちを束縛し、その結果彼らを社会化過剰と過剰適応とに陥らせる。自由を奪い、従って自律性、自主性、自発性、主体性などを喪失させてしまう。だからまた、人間的・道徳的成人性への可能性を奪い取ることにもなるのである。

しかし逆に、次のような場合にもまた、人格性と成人性とは達成されない。すなわち、年少の子どもに初めから自分自身を頼りにさせ、そして完全に無拘束にまた義務を課さないで好き勝手にさせておき、それゆえに彼を社会的規範の要求のもとに置かず、どんな社会的秩序のなかにも編入しない場合にである。

確かに、他律は自律の不可欠な基礎である。これを「良心」とのかかわりにおいて考えてみると、自律的良心は、他律的良心から徐々に発達していくということになろう。オールポート(Allport, G.W., 1897-1967)によれば、「『ねばならない must』良心は、『するのが当然である ought』良心に先行する」のである。また、ハヴィガースト(Havighurst, R. J., 1900-1991)も次のように言う。すなわち、「幼児期の終わりになると、子どもは両親に誉められたり、叱られたりすることによって、そのときの戒めや罰の声が心に刻まれるのである。こうして彼の良心の基礎が発達し、後の諸々の価値や道徳的性格の構造がその上に築きあげられるのである」と。

他律的良心の形成は、比較的広い意味における賞罰によって行われるのであるが、その場合、特に罰に際しては愛情の裏づけが不可欠である。まことの教育愛なり真の母性愛の裏づけがあってこそ、罰は単なる外的罰としては受け取られず、保護者の罰する声は子どもの内部に刻み込まれ、そうしてこれが、将来さらに修正され質的に変化して（精神分析学もしくは深層心理学の見解によると、質的に変化しないで、潜在化して「超自我」となり、これがすなわち良心である、とされているが）、本物の自律的良心へと発達するであろう。ペスタロッチー（Pestalozzi, J. H., 1746-1827）のあの「愛と信頼と感謝と従順」があれば、そしてできれば「尊重（敬）」も加われば、確かに、他律は単に他律にとどまらず、自律をも促進するであろう。

他律と自律の関係について、以下のブルの言葉は、まことに傾聴に値するというほかない。彼によれば、「私たちは他律を、道徳的自律の苗床として、つまり道徳的な自己支配ができる前に勤め上げなくてはならぬ年季奉公として理解する。外から課せられた訓練のみが、内での自己訓練の土台をすえつけることができる。その過程は、他律によって課せられた道徳的原理が漸進的に内面化する過程である」。

しかしながらブルによれば、「もちろん、他律は大いに乱用されうる。厳格に課せられ、冷酷に強要される外的権威の締めジャケツを子どもに着せて監禁することによって、道徳的判断における発達の自由を残さないようにする権威主義に他律がなる時には、それははなはだしい乱用となる。子どもが自由と責任を用いることができるようにそれらを与える時には、他律は目的に至る手段として正しく用いられる。それゆえに、他律の真の機能は、子どもが成熟するにつれて他律自身を不必要とすることである。いやしくも何か成熟というものがありうるとすれば、他律は絶対的に欠くことのできない一つの局面である」のである。

以上、いろいろ考察してきたことによって明らかなように、要は、道徳的成人性への到達を可能にするような、社会化援助を提供することが大切なのである。これは、被教育者を決して依存もしくは従属の状態にとどめるのではなくて、過剰で不必要な依存から解放する学習の援助である。かような意味における社会化援助としての人間形成は、人格化援助としての人間形成の手段であるにもかかわらず、前者もまた後者と同様に、制圧ではなくて、程度の差こそあれ自由をかなえさせることを望んでいる。こうして両者は、互いに連続しており、相互補完的である。子どもの年齢が高くなればなるほど、両者の展開形式はますます類似し接近してくるであろう。もちろん教育実践の場では、両者はまるで一枚の布の縦糸と横糸のように、互いにからみ合った形で展開されることだろう。

それゆえに、社会化援助としての人間形成も、特に子どもの年齢が高い場合には、固定した非主体的な役割の引き受けをさせるのではなく、むしろ学習の援助を通して、比較的に自律的な行為のための余地を開かなくてはならない。従って、この種の人間形成にとって最も重要な課題である「社会的規範の内面化」に際して、次のことが配慮されるべきである。すなわち、子どもが自分の役割から必要な距離をとるように、そして役割を実地に果たそうとする際、自由裁量の余地と自己表現の可能性をつかむことができるように。同様に、役割の葛藤（例えば、保護者はこの、友人はあの、そして先生はまた別の役割を自分に期待しているような状況で、この葛藤が生ずる）の状況で、主体的な、しかも賢明で地に着いた自己決断の準備ができていくよう、またその能力を有するように配慮されるべきである。

これらすべてが成功するのは、次のような場合のみである。すなわち、かの社会的道徳としての集団的な諸価値確信や社会的な諸行為規範などの学習が、個人的発達の経過に応じて徐々に、批判的かつ反省的に行われる場合に、つまり社会的規範が理性的・合理的に基礎づけられ、かつ妥当性を目指して再吟味される場合にのみである。もし社会的行為規範が、開放的な合理的論議と討論ならびに自己自身の反省的思考と熟慮と良心とを通して、自己の洞察に摂取同化されるならば、規範は内面化され、かつ徹底的に人格化される。そしてこの規範は、決して硬直し静止したものではなく、まさに柔軟である。だから可変的であり、変動する民主的な社会、もしくは多元的でダイナミックな社会に必ずや耐えうることであろう。

第三節　他律と自律――人間形成における拘束と自由――

　本章の全体を貫いている中心問題は、実に他律と自律との関係、従って拘束と自由との関係にほかならない。これこそまさに、人間形成の心臓部に位置する最も重要な問題なのである。もし両者の関係を正しく把握できなかったならば、人間形成は、理論においても実践においても、まったくでたらめなもの、根底から間違ったものになってしまう。シュプランガーも言っているように、「人は拘束される教育によってこそ、自由に到達することができる」のである。だから、あまりにも早期に自由が許されると、かえって自由を手にし得ない結果となってしまう。自由とはまさに、同時に「自己拘束」を意味するであろう。自由というものは、原則として――ことと場合によっては、特に教育の場においては、例外も多いが――、自己支配と自制が可能となり、かつ高度な良心と責任意識とが発達するのを待って、少なくともそれらの程度に応じて許されうるのである。子どもたちを余す所なく束縛するのも、もはや教育ではないが、さりとて彼らをまったく自由に放任するのも、もはや教育ではない。戦後の日本の教育は、ある意味で子どもを自由にさせすぎてきたのではなかろうか。つまり、自由放任としての自由、もしくは勝手気ままな自由を容認しすぎてきたのではなかろうか。

　何事もたいていそうであるが、自由にも、正しいものと間違ったものとがある。正しい自由は、最大限認められなくてはならないし、間違った自由は、最大限抑制されなくてはならない。それでは、正しい自由とはいったい何であろうか。それはすなわち、「より高い価値（もの）への自由」であると共に、「より低い価値（もの）からの自由」である。最終的に目指すべきものはもちろん、「より高い価値への自由」の実現であるが、この実現のためには、その手段としてあるいはその順序として、まず「より低い価値からの自由」がなくてはならない。そしてこのより低い価値から自由になりうるまでは、「より高い価値に拘束」されたままでなくてはならぬ。また同じことだが言い方を換えれば、人間は「より高い価値の拘束」を受けてこそ、それに服従してこそ、「より低い価値からの自由」を獲得することができ、この自由を手段もしくは基礎にして、最終目的としての「より高い価値への自由」が実現可能となるのである。もちろん、ここに言う最終目的というのは、文字通り最終という意味ではなく、第一の最終目的から第二の最終目的へ、第二のそれから第三のそれへと段階的に高まり、無限に連続発展するような意味での最終目的なのである。

次に、間違った自由とは何であろうか。それはすなわち、「より低い価値への自由」であり、同時に「より高い価値からの自由」である。前者は、それが大幅に許されれば許されるほど「より低い価値による拘束」が結果する。人間は、より低い価値を自由に選択した瞬間に、より低い価値の奴隷になってしまう。後者は、当然文字通り「より高い価値から逃げる、もしくは解放される、もしくはそれに拘束されない自由」であるので、これもまた誤りであることは言を俟たぬ。

このような間違った自由を許しているのが、戦後の日本の現実ではなかろうか。しかし反面、正しい自由も大幅に認められてきた、と人は言うかもしれない。確かに、正しい自由も古い時代に比べれば幾百倍も許容されており、これ一つをとってみても、いろいろ問題はあるが、やはり時代は漸次よくなっているように思われる。とはいえ、青少年がいったん間違った自由のとりこになってしまったら、そこから這い上がって正しい自由を実際に実現することは、きわめて困難となるに違いない。

確かに、民主的で変動する、ダイナミックで多元的な社会は、個々人の自由を大幅に認める点に、つまり許容的であることに一大特質を有しており、これこそまさに民主主義社会の最高の強さなのである。弱いようで最も強いのが、柔にして最も剛なのが、真の民主主義に基づく許容的な社会や国家であり、かつそこで教育された民主的で許容的な人間である。ここで「許容的」とは、先に述べた「寛容」と相通じるようだ。両者を動詞形で表現すれば、tolerate＝permit, allow である。そうして両者とも、あの例の「柔軟性」「開放性」などの諸概念と密接に関連し合っている。各々が縦横にからみ合っているのである。

ところでもちろん、国家がわれわれに対してであろうと、われわれ各人が同胞に対してであろうと、あるいはその他誰に対してであろうと、正しい自由に対してこそ寛容であり、許容的でなくてはならない。特に、子どもたちに対しては、それも幼ければ幼いほどそうであろう。もし子どもたちの間違った自由に道を譲り、それを変に理解しようと努めたり、容認したりすれば、彼らはまったく台なしになってしまう。間違った自由を徐々に縮小していく努力を、われわれは試みなくてはならない。

しかし、そのかわりその分だけ、子どもたちに正しい自由を許容しようではないか。思いきって大幅に、寛大に許そうではないか。人格化援助としての人間形成、すなわち自律的道徳の学習援助は、もっともっと、間違った拘束、強制、外的支配から子どもを解放しなくてはならぬ。先に見た過保護と一体となっているような、あの現代特有の外的強制と支配から、子どもたちを解放しなくてはならない。

本来、教育というものは、子どもたちが自分自身の懸命な努力にもかかわらず、学習課題を独力で克服することができない場合に限って、もしくはできないと予想される場合にのみ、行われるべき援助的行為なのである。本来、また原則として学習は独習であるべきだ。教育はただ、この独習を援助する行為にすぎない。それゆえに、四六時中つきっきりで、子どもたちの自由時間、自由な行為、自由な遊び、自由な勉強、自由な冒険、自由な経験や体験等々を間断なく干渉、制限、妨害、抑制し、彼らをがんじがらめに縛りつけるのは、もはや教育ではない。それは、全然、教育ではない。

かような調教としての間違った教育を受け続けていると、子どもの道徳的成長は止められ、発達は押えられる。子どもは奴隷状態のまま固められる。彼は、道徳的に成人になるよう助成されるのではなく、いわば永遠に心理的・道徳的離乳のできない子ども、道徳的ピーター・パンのままであるように強制される。彼は、他律的道徳の枠に嵌め込まれすぎているために、最初は、おそらく早熟で大人びているだろう。しかし、その後いつまでも、人間的・精神的・道徳的発達は横ばいとなるであろう。大人のような子どもは、子どものような大人にしかならない。大人のような幼稚園児、子どものような大学生の何と多いことか。

道徳の授業においても、子どもたちに可能な限り正しい自由をかなえさせる努力をしなくてはならぬ。教師は率先して、先に述べたような意味において、寛容の精神を持ち、許容的で、柔軟で、開放的な授業を展開するとよい。そうすれば次第に、学級集団の全成員間にも、自由の雰囲気がみなぎってきて、充実した率直な話し合い、また正しい意味での批判精神に満ちた合理的・理性的な討論が行われるようになってくるだろう。しかも、このような授業は、それ自体のなかにすでに多元的・異質的・対立的諸要素を十分に含んでいるがゆえに、おのずからそれは、子どもたちが諸価値の激しく葛藤する状況のまっただなかに立たされて悪戦苦闘し存分にゆさぶられるような、きわめてダイナミックな授業となるに違いない。

これに対して、人は言うかもしれない。「楽観的すぎる」と。確かに、日本の学校に性急にそれをそのまま適用したら、失敗しないとも限らない。すでに数十年も前から、教育現場における失敗の事実も、しばしば耳にしてきた。しかし、もし失敗するとすれば、その主な原因は、筆者が本章の各所で折にふれ時にふれてくどいほど繰り返し強調した、自由に対するあの種々の必要諸条件が欠けているからである。それら諸条件の欠如は、過去の長い国民的歴史の結果として生じたのであり、日本人の国民性にまでなっている。しかし、だからこそ右のような道徳教育を通して、その欠陥を直していかなくてはならない。

他律一色の環境は、他律を生み出すだけである。自由は、自由のなかでのみ育つ。水を恐れていては、いつまでも水泳は身につかない。時には、泳げない子でも自由に大海に解き放そう。もちろん、あせっては、かえって失敗する。いろいろの現実的な障害を客観的かつ冷静に熟知した上で、急がず休まず不断に目標に接近し続ける努力こそ、大切なのではなかろうか。

参考文献

村田昇編著『道徳教育論』（新版）現代の教育学②、ミネルヴァ書房、一九九〇年。

ブル、森岡卓也訳『子供の発達段階と道徳教育』明治図書、一九七七年。

和辻哲郎著『人間の学としての倫理学』岩波書店、一九四六年。

津田淳編著『道徳教育の人間学的基礎』川島書店、一九八六年。

ハヴィガースト、荘司雅子訳『人間の発達課題と教育』牧書店、一九五八年。

シュプランガー、村田昇・山邊光宏共訳『教育学的展望――現代の教育問題』東信堂、一九九三年。

シュプランガー、村田昇・山崎英則共訳『人間としての在り方を求めて』東信堂、一九九〇年。

シュプランガー、村田昇・山邊光宏共訳『人間としての生き方を求めて――人間生活と心の教育』東信堂、一九九六年。

村田昇・大谷光長編著『これからの道徳教育』東信堂、一九九二年。

山邊光宏著『教育の本質を求めて』東信堂、二〇〇五年。

山邊光宏著『シュプランガー教育学の宗教思想的研究』東信堂、二〇〇六年。

第二章　人間形成と道徳性の発達理論

第一節　道徳性の意味

道徳性の発達を考察するにあたって、まずその「道徳性」という言葉の意味をどう捉えるかとか、さらに道徳性の構成要素をどう見るかというようなことが問題になるであろう。

道徳性とは、「人間性」、もしくは「人間らしさ」である、と定義することもできるであろう。また、第一章で触れたような「徳」が、道徳性であるとも言える。その徳とは、人倫の道をわが身に得て、それを実行することであると共に、そうした道を体得していて、いつでもおのずからそうした道にかなった行為(動)をすることができるような、人格ないし品性を意味する。もちろん、これは徳の極まりであり、最高の徳である。しかし、子どもは子どもなりに、各々の発達段階に応じた徳が求められるであろう。

やや見方を変えて、道徳性とは人間の知識・判断、心情、態度・行為などを道徳的見地から総括的に捉えたものと言ってもよい。これら道徳的知識・判断、心情、態度・行為などの各々を道徳性の構成要素と呼び、これら一連のものを道徳性の構造と呼ぶことができる。

しかし、こうした道徳性の構成要素と構造の捉え方について、道徳性の発達理論においても必ずしも見解が一致しているわけではない。発達心理学的な道徳性の研究においては、ややもすれば道徳的判断の研究が中心となり、方法上のむずかしさから心情や態度の方面にまではまだ十分に及んでいない。

にもかかわらず、現実にわが国の『小(中)学校学習指導要領』においては、第一章総則において道徳性を養うことが道徳教育の基本的な目標であるとした上で、第三章特別の教科　道徳では道徳性が「道徳的判断力」「道徳的心情」、及び「道徳的実践意欲と態度」から成っていることを示している。従って、これら一連のものこそ、現代のわが国の教育現実との関連における道徳性の構造と見てよい。

まず、「道徳的判断力」であるが、これは善悪を判断する能力や価値判断能力であり、道徳的知識・知性による道徳の知的理解力である。確かな道徳的判断力があってこそ、子どもたちはそれぞれの場面において機に応じた道徳的行為をすることが可能になる。こうした知的能力は、道徳的行為の不可欠な前提である。

次に、「道徳的心情」は、道徳的価値を望ましいものとして受け入れ、善と正を愛し、悪と邪を憎む心のことであり、善と正を志向する感情でもある。これは、道徳的行為への動機として強く作用するから、道徳的心情を養うことは、子どもたちの道徳性を高め発達させるための基礎的要件である。頭で分かっていても、心が伴わなければ、行為へとつながりえないのである。

さらに、「道徳的実践意欲と態度」は、道徳的判断力と道徳的心情によって価値があるとされたことを実行しようとする、行動傾向を意味する。すなわち、善と正をとり、悪と邪を避けようとする人格の持続的特性のことである。道徳的実践意欲は、道徳的判断力と道徳的心情とに基づいて道徳的に価値あることをぜひ実行しようとする意志の働きであり、道徳的態度は、こうしたいわば知情意に裏づけられた具体的行為への持続的な身構えと言える。

以上見たような道徳性の各々の構成要素は、それぞれ独立しているのではなく、互いに密接に関連しながら道徳性という一つの全体を構成しているのである。従って、一人ひとりの子どもにおいて、それらが全体として調和的に発達していかなくてはならぬ。

ところで、第一章で考察したように、道徳は社会的道徳と個人的倫理から成るが、一応、前者に対応するものを「外的な道徳性」、後者に対応するものを「内的な道徳性」と呼ぶことが許されるであろう。外的な道徳性とは、社会規範に従って行動することができる能力であり、社会適応の能力である。逆に、内的な道徳性とは、個々人の内なる良心の声に従って、よりよい行動と生き方を追求していく能力であり、社会的道徳を内面化し、かつ内部から外的な道徳性を支える能力である。その最たるものは、カント (Kant, I., 1724-1804) が適法性 (Legalität) と峻別《しゅんべつ》した、あの道徳性 (Moralität) に他ならない。もちろん、発達途上にある子どもの道徳性とカントのそれとの間には、大きな違いがある。子どもの道徳性の発達段階の実際においては、外的道徳性と内的道徳性とは互いに重なり合い融合していてはっきり区別できないが、その発達段階が外的なものから内的なものへの漸進的な変化と高まりを意味することだけは確かであろう。これが、道徳性の発達における基本的方向である。

このことは、「他律的道徳性」から「自律的道徳性」への発達過程のことであるとも言えよう。一般に、比較的年齢の低い子どもたちは、大人から受ける罰や制裁を避けるために、社会的規範に違反しないように行動しようとする。あるいは、他からほめられようとして、服従しよいことをする。文字通り、他によって律せられるのである。このようにいわばやや広義の賞罰によって行動が律せられるのは、道徳性の発達における比較的低い段階であり、「他律的道徳性」の水準である。これに対して、外的規範が内面化されて内的規範になり、かつ自己の良心に従って自分で自分を律する行動がとれるようになるのが、「自律的道徳性」というより高い段階である。本章の全体を貫く中心テーマは、結局、そうした他律的道徳性から自律的道徳性への発達過程という問題にほかならない。

第二節　ピアジェの発達理論

スイスのピアジェ（Piaget, J., 1896-1980）は、その著『児童の道徳的判断』で、認知発達理論の立場から、子どもの道徳的判断の発達理論を発表した。これは、子どもの道徳性が発達心理学的な段階を踏んで発達するものであることを実証的に明らかにしようとした、世界で最初の草分け的な試みであった。従って、以後のさまざまな発達理論は、大なり小なりすべて彼の研究成果を下敷きにしている。ピアジェは、「すべての道徳は規則の体系から成り立っており、すべての道徳の本質は、個人がこれらの規則をどれほど尊敬しているかによる」として、子どもの規則への尊敬がどのように発達していくかを実証しようとした。

ピアジェは、子どもの遊びを研究対象として選び、遊びのなかで規則を理解し守っていく過程を以下のように分析している。

1　他律的道徳判断から自律的道徳判断への発達

⑴　単純な個人的規則の段階――ピアジェによる幼児のマーブル遊びの観察では、二～三歳の幼児は、一人でマーブルをころがしたり、投げたりするだけで、もし仲間がいても遊ぶ時間と場所が同じであるが各自別々に遊ぶという平行遊びしかできず、協同的・連合的遊びにまでは至らない。四歳頃から、協同的な遊びができるようになり、遊びに規則のあることや規則の必要なことを知るようになる。しかし、自己中心性が目立ち、自然のままの自己の動機で行動し、自分や仲間の行動を規則で規制するという統制意識がまだない。従って、規則によって勝負を決めるところまでいか

ないで、各自が勝手に勝名乗りをあげるありさまである。このような他に通用しない個人的な規則で行動する段階は、およそ五歳頃までである。

⑵　他律的・絶対的規則と規則を与える権威とに対する一方的帰依、または尊敬の段階――協同遊びが盛んになり、自分と遊び仲間の行動を規制するルールの必要性を認めるようになってくる。しかし、外部から与えられた規則を、内面的に理解するまでには至らず、大人が与えた規則を絶対的なもの、神聖不可侵なものとして、これに従う段階である。六歳頃より始まり、七～八歳頃が最も著しく、九歳頃まで続く。

⑶　自律的・相対的規則を重んずる、相互尊敬すなわち共同の段階――もはや規則は大人から与えられるものではなく、遊びを成功させるためには、自分たちで規則をつくり、自分たちでそれを守らなくてはならぬ、というように子どもたちの規則に対する考え方は、大きく変化する。すなわち、外的権威による他律的な規則に服従するのでなく、規則は仲間どうしで自律的に決めて守るべきものであると考えるようになる。しかも、仲間の同意によって決めた規則も、仲間の賛成さえあれば、大人の承認を得なくても変更することができる。このように子どもたちは、規則が絶対的なものでなく、変更可能な相対的なものであると思うようになる。従って、互いに仲間どうしの尊敬と共同的集団的行動の秩序が可能になる水準。一〇歳頃から一二～一三歳頃までがこの段階。

2　結果論的道徳判断から動機論的道徳判断への発達

これに関する研究の方法として、ピアジェは過失、盗み、虚言についてそれぞれ一対の例話を子どもたちに与え、どちらの行為が悪いかの判断を求めている。その際、道徳性の発達を見る手がかりは、その人物の行為の結果から善悪を判断するか、それともその人物の行為の動機より判断するかによるのである。

(1) 結果論的判断――そうした研究の結果は、七～八歳頃までの子どもは、もっぱら結果論的判断をすることを示している。すなわち、行為の結果によって、善悪を判断するのである。例えば、故意に皿を一枚割るよりは、皿洗いの手伝いをしている時の過失であっても五枚割った方がもっと悪いと判断する。このように動機にかかわりなく、客観的な物質的結果の大きさによって判断する。

(2) 動機論的判断――ところが、一〇歳前後から次第に、物質的結果の大小よりも、むしろその背後にある動機によって判断するようになってくる。たとえ結果は同じであっても、故意と過失では罪は同じでないことを認め、善悪は単に客観的なものでなく、状況によって異なりうることが理解できるようになる。

しかし、右のようなことに対する正木正の指摘によれば「七歳でも動機論的判断をする子どもはいるし(二割程度)、一二歳でも結果論的判断をくだす子どももいる(一割程度)ことも、考え合わさねばならない。また、動機論的判断をするのは、知性の発達と並行するものとしても、判断そのものだけから、道徳性の発達をみていけるかどうかも、考慮を要する」のである。こうした問題は、ピアジェの理論に限らず、確かに各種の発達理論に常に付いて回るであろう。

3　正義感の発達

次に、善悪の観念や正義の観念の発達を捉えることによって、子どもの道徳性の発達を知る手がかりとする試みもある。この場合も、ピアジェは、以下のような三つの段階をあげている。

(1) 懲罰が正義――七歳から八歳頃までの子どもは、大人の禁止した行為を犯さないことが、正義であり、正しいと信じている。すなわち、大人の命令に服従し、その権威に従うことが正しい善い行為であり、服従しないのは不正な悪い行為で、正義と善は大人によって命じられた通りのものであると考える。また、懲罰は完全に正当なものであり、それだけにもし過失や盗みや嘘も罰せられさえしなかったら、悪くなかったことになる。従って、特にこの段階の子どもが悪いことをしていて、これを見て見ぬふりをすることがあってはならない。悪は悪であることを、状況に合った適切な方法で伝えるべきである。この時期に平等への素朴な要求もないことはないが、大人の権威に勝つことはできず、権威が正義であると信じてこれに従う。

⑵　平等が正義――八歳から一一歳頃までの子どもは、もはや道徳的権威を大人の側に帰さないし、懲罰もそのまま素直に受けとめなくなってくる。罰せられたから悪かったとか、罰せられなかったから悪くなかったとかいうような道徳的判断はしなくなる。正当と考えられる懲罰は「相互性」から発生し、「平等」が権威より優位になり、正義の尺度になる。つまり、相互平等の観念が優勢になって、大人の権威にとって代わるようになる。これは、縦の権威主義から、横の平等主義への変化を意味する。

⑶　公正が正義――一一～一二歳以後は、「公正」の感情が優勢となり、公正こそが正義なのである。子どもたちは、各人の特殊な事情に対応する権利を認めることができるようになり、また仲間どうしの懲罰も機械的に同一に適用するのではなく、各々の特殊な事情と状況に応じて柔軟に行使されるようになる。つまり、この時期になると、平等は「形式的平等」ではなく、「実質的平等」にまで高まるのである。

第三節　コールバーグの発達理論

アメリカ人コールバーグ (Kohlberg, L., 1927-1987) は、ピアジェの認知発達理論に学びながら、それを発展させる方向で、他律から自律への発達段階を広範な調査によって操作化した。

1　調査の方法

コールバーグは一九五五年以来、シカゴ地域での中産階級及び勤労者階級の少年五〇名を対象とした二〇年にわたる研究を行ったが、それは彼らが一〇～一六歳の時に調査を始め、以後三年ごとの追跡調査を繰り返すという縦断的研究であった。また、トルコの村落及び都市部における同じ年齢の少年たちを対象にした小規模の六年にわたる縦断的研究も行った。他方で、やはり同じ年齢の子どもたちを対象にして台湾、メキシコ、アメリカ、カナダ、イスラエル等々世界各地で横断的研究も行った。

調査は「道徳的ディレンマ」に陥らせるような例話を示し、それに対する「道徳的判断」を分析するという方法による。ここでは、よく知られている例話「ハインツのディレンマ」を例にあげて、後にその分析方法について簡単に説明を加えておきたい。

ヨーロッパで一人の女性が、癌で今にも死にそうであった。彼女の命が助かるかもしれないと医者が考えている薬が一つだけあった。それは一種のラジウムで、同じ町に住む薬剤師が最近発見したものであった。その薬を作るにはたいへん費用がかかったが、その薬剤師は、その薬を作るためにかかった費用の十倍もの値段をつけていた。彼は二百ドルの薬を二千ドルで売っていたのである。病気の女性の夫ハインツは、ありとあらゆる知人のところへ行き、金を借りたが、薬の値段の半分である千ドルしか集められなかった。ハインツは薬剤師に、自分の妻が死にそうだとわけを話し、薬をもっと安く売ってくれるか、または後払いで売ってくれるように頼んだ。しかし、薬剤師は「だめだね。この薬は私が発見したんだ。私はこれで金儲けをするんだ」と言うのであった。ハインツは絶望的になって、妻を助けるために、その男の店に押し入り、薬を盗んだ。

こうした例話を示した後で、「夫はそうすべきであったか」「それは善いことか、悪いことか」「その理由は何か」という質問が続く。最初の「そうすべきであったか」という問いに対する回答は、「はい」か「いいえ」のどちらかである。しかし、分析のために問題なのは、「はい」か「いいえ」ではなく、「その理由」である。例えば、以下に述べる最初の水準では、「ハインツは盗むべきではない。もし監獄で長い年月を送らなければならなくなったら、彼に何の得があるだろう」、または「ハインツは盗むべきである。それが妻の命を救えるただ一つの方法であり、彼の生活のためには妻の助力が必要であるから」というように、自分にとっての損得が判断の理由となるのである。

2　道徳性の発達段階

コールバーグは一〇～一六歳の被験者に右の例話に類するさまざまな道徳的二律背反事態を示して道徳的決断状況に回答することを求め、彼らの道徳的葛藤に対する判断と対処のしかたから、次のような三つの水準と、それぞれの水準に前期と後期の二段階を設定し、あわせて六段階から成る発達過程を提示している。

(1)　前慣習的水準

この水準では、子どもは道徳的価値判断を行為のもたらす物理的結果とか、快苦の程度とかによって、あるいは規則を与える人物の賞罰や物理的力によって行う。このレベルには、次の二つの段階がある。

第一段階――罰の回避と服従への志向

罰を回避し、優越した権威と権力に自己中心的に服従しようとする。それは、罰や権威が支持する道徳秩序と規則に対する尊敬の念からではない。この段階の判断は、罰を基準とする。

第二段階――道具的・相対主義的志向、または素朴な自己中心的志向ナイーブな利己主義の段階であり、正しく善い行為とは、自分自身の欲求、時には他者の欲求をも満たすことに役立つ行為である。正義と善を要求充足の道具と考える。相互性も、物理的な有用性から、つまり具体的で実利的なギブ・アンド・テイクの面から考えられる。この段階では、損得を判断の基準とする。また、行為者の欲求や見方によって、価値は相対的であると思っている。

(2)　慣習的水準

この水準では、道徳的価値は所属集団によって善い、あるいは正しいと見なされている役割を遂行することにあり、かつ慣習的な秩序を維持し、他者からの要求に従い期待に応えることにあるのである。このレベルには、次の二つの段階がある。

第三段階――よい子志向

他者から承認されたり、他者を喜ばせたり助けたりする行為への志向。大多数が持つ紋切り型のイメージ、あるいは大多数によって当然のことと考えられている役割行動への同調。この段階の判断は、人々の評価を基準とするものである。

第四段階――権威と社会秩序の維持への志向

規則を守り、義務を果たそうとし、権威への尊敬の念に基づいた同調的行動をとる。既存の社会秩序を、秩序そのもののために維持することへの志向、この段階の判断は、法と秩序の維持を基準とするものである。

(3)　脱慣習的・自律的・原理的水準

この水準では、共有する規範、権利、義務にみずから自発的に従うことに道徳的価値を認める。さらに、道徳的価値や倫理的原理を、集団の権威や社会的道徳を唱えている人間の権威から区別し、より自律的・内面的なものと考えるようになる。

第五段階——社会契約的・遵法的志向

この段階では、合意に基づく規則を承認し、協定と契約としての義務感を持ち、多数の人々の意志や福祉を重視し、それらに違反してはならないと考える。

第六段階——良心と倫理的原理への志向

この段階では、現実的かつ実際的に定められた社会的規則だけでなく、倫理的な普遍性と一貫性とに基づく選択原理をも志向する。この普遍的原理から、個人的良心の倫理的決断がなされる。

コールバーグによる世界各地での長期にわたる調査の総合によれば、水準(1)と判定できる解答の割合は一〇歳での七〇%から次第に減少し一六歳で一〇%にさがり、水準(2)は一〇歳での三〇%から一三歳まで徐々に増加し、水準(3)は一〇歳ではまだほとんど認められないが年齢と共に増加し一六歳で三〇%にまでなる。このように年齢と共に各水準と各段階の順序性が確認でき、一六歳では、ほぼ自律的で内面的な大人の道徳にまで至る。確かに、道徳的判断の発達は段階的に進むという順序性が確認できたのである。

にもかかわらず、各水準と各段階の諸特質は、一応あらゆる年齢に混在しているのである。何故ならば、右の数字は、次のように読みかえることができるからである。すなわち、一〇歳では水準(1)が七〇%、その(2)が三〇%、その(3)がほぼ〇%で計一〇〇%、また一六歳では水準(1)が一〇%、その(2)が三〇%、だからその(3)が六〇%で計一〇〇%という結果になるからである。

ところで、コールバーグの発達段階説は、ピアジェのそれとどう違うだろうか。コールバーグの第一段階は、服従的志向という点でピアジェの他律的判断の段階に相当すると言えなくもない。しかし、伊藤冨美によれば、「ピアジェが子どもは権威あるものに対して情緒的に尊敬の念を抱き、それが他律的判断へと向かわせるのだとするのに対して、コールバーグの方は子どもは尊敬の念というより自分より強いものからの罰を避けたいという快楽的欲求によって他律的判断をするのだとしている。従って、ピアジェの言うような『尊敬の念』に基づく他律的判断ができるのは、コールバーグでは、第三あるいは第四段階になってからである」。また、続いて伊藤によれば、「ピアジェは、自律的相対的規則を重んじる段階がすでに一〇歳頃から始まり一二歳頃には規範を内在化した自律的判断ができるとしているが、コールバーグの場合には、その年齢では成熟した自律的判断にまで至っていない」のである。このように、道徳的判断の発達についてピアジェとコールバーグとの間には差違があり、一般にコールバーグの方が発達が遅い。これは、研究方法と研究対象である子どもの年齢との違いによるものであると思われる。ピアジェは幼児期・児童期の子どもを対象とし、コールバーグは、主として児童期・青年期の子どもを対象としたのであり、各々の発達理論は、そうした年齢的な枠組みに規定されている。それゆえに、子どもの発達のおおよそのゴールは、ピアジェにとっては一二〜一三歳であり、コールバーグにとっては一六歳なのである。

第四節　ブルの発達理論

イギリス人ブル（Bull, N. J. 1916-）も、ピアジェの学説を踏まえながら、さらにそれを発展させる方向で、他律から自律への道徳性の発達過程を探究した。ブルの理論は、自律に至る他律の積極的な意義を認め、かつ社会性の発達と道徳性の発達を区別しており、その点がピアジェと異なる顕著な特質として注目される。

ブルは、道徳性の発達段階を実証的に裏づけるために、一九六四〜一九六七年に、英国南西地方における七〜一七歳の一歳おきの男女各三〇人、計三六〇人を対象とした調査を実施し、その結果彼は、道徳性の発達段階を以下に考察するような四段階に区分したのである。

⑴　**無道徳、道徳以前の段階**——子どもが社会的規範を知らず、道徳を持っていないという意味で「無道徳」の段階である。また、将来道徳性を発達させうる可能性は持っているが、まだ道徳的である以前の時期だということから「道徳以前」の段階とも言われる。無道徳の状態で生まれてきた子どもは、純粋に本能に支配されるので、行為の基準は、自然のままの快と苦の感情である。この乳児期から幼児期初期にかけての子どもにとっては、快楽は善であり、不快と苦痛は悪なのである。このような考え方は、後の三つの段階にも、また成人にさえも残存している。快楽主義者は、特にこの面を成人についても偏って強調していると言えよう。

⑵　**外的道徳、他律の段階**——この段階では、大人からの賞賛、あるいは処罰とその恐怖によって行為の善悪が判断される。この段階で子どもが外的訓練を通して本能的衝動の制御を学ぶことは、その後の道徳的発達にとって不可欠の前提である。ブルによれば、「子どもは、自分の責任で活動できる前に、道徳的な年季奉公をつとめ上げなくてはならない」のである。第一章でも述べたように、確かに、他律は自律の不可欠な基礎である。これを「良心」とのかかわりにおいて考えてみると、自律的良心は、他律的良心から徐々に発達していくということになる。だから、ブルは、オールポート（Allport, G. W.）を援用しながら、「『ねばならない must』良心は、『するのが当然である ought』良心に先行する」と言っている。

他律のなかにも質的な変化が認められる、という点にブルは着眼する。七歳頃のより低い他律の状態では、罰せられなければ、悪いことをしたのではないと考える。しかし、九歳頃のより高い他律では、罰せられなくても、悪いことは悪いことだと考える。この他律は、次の段階の「社会律」と重なり合い、さらに後年の「良心」の基礎をなす感情が、この時期の子どもに芽生えてくる。一般的には、徐々に他律の判断と行為は減少していくが、大人になってもある程度残り、人によっては生涯この段階にとどまり続ける。

⑶　外・内的道徳、社会律の段階――ブルによれば、九歳から一一歳までの間に顕著に見られるのが、ピアジェの「相互性」に相当する「社会律」である。この段階では、外的道徳と内的道徳が重なり合っているが、一般的には年齢と共に次第に前者から後者へと移行するものである。

ここで「外的」とは、子どもが自分の所属する社会集団の賞賛と非難を基準に判断し行為するという意味である。子どもは、先には大人の権威に従ったが、今では「仲間の権威」に従う。また、「内的」とは、成員相互の「協同」や「相互性」の諸経験を通して、集団の一員としての内的な自覚、自発的な責任と義務の感覚、内なる自尊の感情などが発達し、それが外的な処罰と恐怖にかわって、道徳的な判断と行為との主要な動機となることを意味する。仲間との協同のためには、自己中心性からの脱却が求められるので、ここに望ましい集団活動を通して個人の道徳性を発達させていく道があると言えよう。

「教育とは社会化である」とすれば、社会律の段階こそ人間形成としての道徳教育の目標であろう。従って、社会的であることが道徳的であることになり、社会性が、即道徳性であることになる。これは、自律は相互性からおのずと生まれるとするピアジェの協同の道徳、相互性の原理に基づいた考え方である。しかし、ブルの場合には、他律から自律への橋渡しとして、社会律という相互性の段階を導入するにもかかわらず、「自律は他律から生まれるのであり、相互性からではない」のである。また、自律は相互性にとどまるべきものでもないのである。それゆえに、ブルに言わせれば、ピアジェの発達理論は真理の半分であり、真の道徳性は他律に由来し社会律を経て、次のより高い「自律の段階」にまで至らなくてはならぬということになるであろう。

⑷　内的道徳、自律の段階――これは、他人や世間に動かされず、自己の内なる自己賞賛と自己非難に従って、判断し

行為する段階である。この段階では、道徳的判断と行為を支配する規範や規則は、個人の内奥から生じ、本来的な意味での道徳性が達成される。ブルによれば、発達した自律では「外的抑制は内的抑制に譲歩する。I must は、I ought に譲歩する。恐怖は自重に、外的訓練は自己訓練に譲歩する。しきたりは、確信に道を譲る。また、世論の声は、良心の声に道を譲る」のである。この良心こそが、自己の内なる真の自律的な良心にほかならない。

ブルの調査によれば、自律的な意味での「良心」という語が子どもの回答に見出されるのは、一一歳からであり、自律のきざしはこの頃からと思われる。著しい発達を示すのは、女子で一三歳から、男子で一五歳からである。一七歳では、男女とも五〇%がこの段階の判断を示す。これらの点からも、藤永芳純も言っているように「ピアジェの調査が一二歳くらいまでであったことの欠点が指摘されるし、またブルの調査がその克服であることが分かる」のである。

ちなみに、総合的な「発達教育学」の立場に立つフランスのドベス (Debesse M., 1918-) の研究も、三歳から二〇歳までに及ぶ。彼は「小学生の教育というのは社会性の教育の別名にすぎない」と言い、そこではピアジェの述べているような あの規則が問題であると考え、ドベスはこの学童期の道徳を「規則の道徳」と呼ぶ。しかし、ドベスは、青年期の教育がこの段階における教育の単なる延長ではなく、さらに「社会性」とは区別されるより高次の自律的な「道徳性」の発達を援助すべきである、ということをわれわれに教えてくれている。

第五節　発達理論の意義と課題

以上、ピアジェ、コールバーグ、ブルの発達理論を概観したが、その他にもいろいろな学者によるいろいろな学説がある。日本人による日本の子どもを対象とした研究もかなりある。しかしそれらは、いずれもすでに見た理論と大同小異であるから、もはや取り上げる必要もなかろう。

一般に、発達理論が人間形成に対して有する意義は大きい。子どもの発達段階を考慮しなかったら、人間形成としての道徳教育は成立しえないのである。少なくとも何らかの意味で、発達の視点を持っている理論でなければ、決して教育学とは言えない。また、そのようなものは、決して道徳教育の理論でもない。

各々の発達段階には、それぞれの特徴があり、各段階の子どもたちに一定水準の道徳的行為を要求し期待することができるということ、この道徳性の発達の客観的事実把握こそが、われわれに道徳教育に対する可能性を示し、見通しと確信を持たせてくれるのである。道徳性は実際、現実にいかに発達するのかという事実的解明が、道徳性をいかに発達させるべきかを考える不可欠の前提なのである。発達段階からかけ離れた高すぎる水準の道徳的指導、あるいは道徳的刺激や情報を与えても、子どもには理解できない。単なる規範の教示、規則への強制は効果的でないか逆効果であり、道徳性の発達は子ども自身の道徳性の構造と程度とに適合した指導と刺激が与えられてこそ促されうるものである。とはいえ、コールバーグも述べているように、現在の子どもの状態ではなかなか容易ではないが、努力次第では理解できる程度の一段階上位の道徳的刺激を与えることは、必要でもあり、重要でもあろう。いずれにせよ、子どもの道徳性の発達を押さえておかねばならぬ。

このように道徳教育は発達理論に依拠するが、それには限界があることも知っていなくてはならぬ。道徳性の発達理論の研究は、その方法的困難さの克服という課題をまだ解決しておらず、真に客観的な意味での道徳性の明確な理論化は、いまだに達成されていないと言わざるをえない。調査方法や調査データーの扱い方ひとつをとってみても、まだいろいろ不明瞭なところがあると思われる。

道徳性の発達段階も、確かに一定の道筋は示しはするが、必ずしもはっきりと区切られうるものではなく、大まかな発達の程度にすぎぬことに注意しなくてはならない。「発達段階」が、ほぼ「年齢段階」に規定されていることは認めることができるが、それには、子どもの個性や環境の違いによって、相当の幅があることも確かである。また、道徳性の発達の段階づけは、おおよその区分によって、より高次の道徳性のあらわれが可能になることを示すのであり、子どものすべての判断・態度・行為について、前の諸段階における道徳性の諸特質がなくなり、新しい高次の形になっていくことを意味するものではない。諸段階の諸特質は、あらゆる人のあらゆる年齢段階に混在し、それらが多様な道徳的状況のなかでそれぞれ異なったあらわれ方をする。従って例えば、大人になっても他律的な判断・態度・行為が、多少なりとも誰にも残り続けるものである。

もちろん、それらについては、すでに見たコールバーグ、あるいは性格とその発達という観点から道徳性を捉えようとしたアメリカのハヴィガースト (Havighurst, R. J. 1900-1991) らによる指摘もないわけではないが、一般的には発達理論の研究には、そうした視点が欠落していると言わざるをえない。

次に、道徳的判断と行為との関係は、どのようになっているであろうか。正木正によれば、「道徳的判断や知識については実証的に高価な結果が得られているが、その道徳的判断と現実の道徳的行為が、いかなる関係にあるか、さらに追求される必要がある。このことがはっきりしないと、子どもの道徳性の発達についての所見も一面的であり、本来の道徳教育へ原理を与え得ないのである」。「道徳的判断力」があるだけでは、まだ行為にまで至りえないのであり、それは本章第一節に述べたあの道徳性の構成要素の一つにすぎない。さらに、「道徳的心情」「道徳的実践意欲と態度」が加わってこそ、道徳性の構成要素が満たされるのであり、その時はじめて道徳的行為が可能となるということであった。しかし、これまでのところ、ややもすれば道徳的判断の研究が中心となり、心情や態度の研究はまだ十分とは言えない。

フロイト (Freud, S., 1856-1939) の精神分析学に依拠した「情緒的」側面からのアプローチもあるが、それもやはり一面的であり、右の各構成要素間の関係、及びそれらと道徳的行為との関連を真に具体的全体的に解明してはいないであろう。

さらに、発達理論においてはその本来の性格として、個々人を超えた一般性と普遍性が探究されるが、逆に実際の教育の場面では、むしろ一人ひとりの具体的な個人の道徳性が問題となるのである。子どもの道徳性の発達は、その環境、生育歴、家族関係、経済状態、宗教等々によって、かなりの個人差が生ずる。だから、厳密には、子どもの数ほど道徳性の発達理論が必要となる。理論家は理論家の立場で、実践家は実践家の立場で「理論の一般性・普遍性」と「実践の個性・特殊性」との間を往復し、両者を関連づけるという重大な課題を担っているのではなかろうか。

参考文献

正木正著『道徳教育の研究』金子書房、一九八七年。

藤永芳純著『道徳教育の理論』東信堂、一九八八年。

藤田昌士著『道徳教育』その歴史・現状・課題、エイデル研究所、一九八七年。

村田昇編著『道徳教育論』(新版)現代の教育学②、ミネルヴァ書房、一九九〇年。

小笠原道雄編著『道徳教育の理論と実践』福村出版、一九八五年。

小笠原道雄編著『道徳教育原論』教職科学講座第一三巻、福村出版、一九九一年。

ブル、森岡卓也訳『子供の発達段階と道徳教育』明治図書、一九七七年。

コールバーグ、岩佐信道訳『道徳性の発達と道徳教育』広池学園出版部、一九八七年。

コールバーグ、永野重史監訳『道徳性の形成』新曜社、一九八七年。

ドベス、堀尾輝久・斎藤佐和訳『教育の段階』岩波書店、一九八二年。

文部科学省『小学校(中学校)学習指導要領』東京書籍(中学校は東山書房)、二〇〇八年、二〇一五年三月一部改正。

40

文部科学省「小学校（中学校）学習指導要領解説　特別の教科　道徳編」、二〇一五年。

第三章　アメリカにおける人間形成思想の源流と特質

第一節　アメリカを見る着眼点

アメリカの社会、その文化、その国民性は、説明がきわめて困難である。何故ならば、非常に多くの始祖、非常に多くの起源、非常に多くの合流があるからである。それらは、一個の演劇ではなく、特色ある形態のバラエティー・ショーであると言えよう。事実、アメリカは、十七世紀初頭以来、世界のあらゆる国から渡ってきたさまざまな移民からなる「人種のるつぼ」であり、ニューヨークでは英語以外の国語の新聞が、二百種以上も発行されている。そのようにいろいろな人種によって構成されているアメリカ社会は、想像を絶するほど複雑多様であり、複合的で変化に富み、かつきわめて矛盾した諸要素を含んでいる。広大な国土、そしてそこにおける風土、気候、環境、地方色などがこの上なく多様性に富んでいることも、その傾向をさらに強めているに違いない。だから、アメリカは、「世界の縮図」と言われている。それゆえに、アメリカ社会の特質、アメリカ人の国民性、あるいはアメリカの教育について一律に明瞭に説明することは、アメリカ人自身にとっても日本人にとっても共に至難のわざである。アメリカ研究の権威者による著作でさえ、その網の目から落ちることがありうる多くの例外、別の諸側面を真に包括的全体的に説明し尽くすことはできないであろう。

にもかかわらず、「多様の統一」という「諸州統一」を表すアメリカのモットーからも理解できるように、多様性のなかにもそれを貫く何か共通なもの、一般的なもの、統合的なものが必ずあるはずである。そこに視点を置き、それに基づいて、筆者は小論全体を展開していきたいと思う。アメリカの思想も、アメリカの現実も、アメリカ人の性格も多種多様であるが、最大公約数、最も典型的なもの、アメリカなら大なり小なり存在する一般的傾向、他の諸外国と異なった顕著にアメリカ的なものなど、これらに着眼して論じてみたい。従って例えば、筆者が「アメリカでは」と言った場合、その時はいつでも読者はそれを拡大して、そこから「一般にアメリカでは」「むしろアメリカでは」「他の国々に比較すると、アメリカでは……の傾向がある」といった意味を読み取っていただきたい。

以下本章においては、アメリカにおける人間形成思想の源流、つまり十七世紀初頭以来徐々に生まれ成長してきたアメリカにおける人間形成の伝統――アメリカの伝統は、あまりにも「若さ」と「新しさ」とで満ちあふれているのであるが――で、しかも現代なおアメリカで現に生き続けているもの、これをこそ筆者は描き出したいと思う。そうして、それらを、単に狭く教育学的に考察するのではなく、あくまでもアメリカの社会的・文化的・歴史的背景との関連に着眼して、探究していきたいと考える。

第二節　状況重視の特殊的・具体的・現実的道徳

アメリカでは多様性、従って個別性・特殊性・個々人などがあくまでも尊重される。そうして、道徳的決断などに際して、「状況」(situation)に依存する度合いが大きいようである。アメリカ人の考えによれば、道徳というものは国や地方や個々人によって異なっているし、かつ時代と状況とによって変化するのであり、決して絶対的・固定的なものではありえないのである。道徳的な目的や善も、個々人と時と所と状況とに応じて絶えず変化流動するのであるから、これに絶対的原理を適用することはできない、というのである。実用性を重んじる実際的なアメリカ人は、決して原理一般を否定するのではないけれども、絶対的な原理についてはこれを、役に立たず抽象的であり非現実的であるとして排斥するのである。

従って、次のような諸種の価値の間における段階的序列も、無視されがちである。すなわち、宗教的価値を最上位に置き、人格的価値を中間的位置に、そして物質的価値を最下位に置く、かくして富を獲得することと宗教的生活を追求することとの間に葛藤が生じた場合に、この序列に基づいて宗教的生活を選択すべく決断をする、というような西欧的・伝統的方法をアメリカ人は好まない。平等を重んずるアメリカ人の目は、何事につけても横に向かいがちであり、縦に向かうことは少ないようである。

アメリカ人によれば、価値の高低に基づく段階的序列を使用するのに伴う問題は、それが現実の具体的状況の否定を引き起こすということである。この具体的状況にあっては、価値は個別的で特殊的であり、しかも具体的状況のなかでこそ価値選択や価値の決定はなされる、というのである。従って、もし正直とか愛とかいうような人格的価値が、食物の欲求というような物質的価値と葛藤する場合には、物質的価値の方が、状況によっては優先されてもよいということになる（これはとかく安易に悪用されがちな、危険な論理であり、こういう点はアメリカに学ぶべきでない）。アメリカでは、およそ物事は何でも、抽象的にではなくて、現実の特殊な状況との関連において具体的に評価されがちである。物事の意味と重要性とは、ただ状況の枠組み内でのみ把握されうるし、かつ各々の状況は代用し難い唯一無二の価値や善を持っている、と考えられているのである。

例えば、大人に対して用いられるのと同じ道徳的判断の基準を、子どもに適用するのは誤りであろう。同一の犯罪を犯しても、精神的に健康な人間の場合には、精神病患者の場合よりも、点が辛くなるはずだ。またアメリカでは、ある人がある特定の状況において健康の回復が何よりも必要であれば、その場合には、健康が究極の最高の善や目的とされる。何か他のものの手段ではなくて、究極的で本質的な価値となるのである。しかし、健康が回復した時には、今度は健康は学問をするための手段になるかもしれないのである。またもし、ここで、いま、現に、家族がやっと命をつなぐだけの生活必需品にも事欠くような窮状にあれば、生計の資をかせぐことが最高の善であり目的である、といった具合にアメリカ人の考え方はまことに実際的で現実的で、かつきわめて柔軟(flexible)である。

しかしながら、価値の高低について段階的序列を廃止すると、道徳的判断なり決断が、もっぱら「個人的好み」に左右されて、主観的になってしまう恐れはないだろうか。何らの中心点も支柱も持たない、偏頗《へんぱ》な主観的相対主義に陥る心配はないであろうか。下手をするとそのようになることもあろうが、しかし一般に何らかの安全弁が作用し、それをある程度防止しているようである。アメリカ人は、絶対的なものは断固として排斥するけれども、共通なもの、すなわち客観的で一般的なものは探し求めるし、またほとんどの状況は一般化できる、と考えるのである。例えば、合衆国憲法に含まれている民主主義の理想は、アメリカ国民が共通に希求し、認めている価値である。状況によっては、人によっては無価値であるのではない。大切なことは、個々人、諸状況、諸文化が一致していないことを認め、他方同時に、個人的好み以上に客観的である「状況的文脈」とか「一群の状況」のなかに価値の基盤を探す、そのような態度であるというのである。これこそまさに、「多様の統一」にほかならない。

右と関連するのではあるが、主観性を排除するためにアメリカ人がとるもう一つの方法は、個々人の道徳的判断を、他の人々の値ぶみに対して開くということである。アメリカ人の道徳的判断や選択は、慣例上、他の人々による批判と評価とに対して、実によく開かれている。「オープン……」という語が、アメリカの文献にしばしば見られる。アメリカ人は、外国人がアメリカ人を批判するとびっくりするほど気を悪くするにもかかわらず、国内では互いに虚心坦懐に(open-mindedly)自己の考えを他の人々にさらけ出し、公正な批判を求めると共に、反論もし自己の意見もはっきり述べる。とらわれることなく寛大な広い心をもって、相互にコミュニケーションをするようである。もちろん、人種問題を初め、アメリカの矛盾と苦悩は大きい。しかし、それゆえにこそかえってアメリカ人は、個々人の道徳的判断や実践についても、ますます意識的・意図的に多くの人の意見に耳を傾け、その考えを参考にし、その賛否を基準にして、独断と主観性を除去しようと努めるのであろう。そのために最善を尽くし、それがきわめて大切であると確信している。これは、すぐれてアメリカ的特質である。しかし、この方法に頼りすぎて、時には、人格的に尊敬されるというよりもむしろ、人気があり、人に好かれる者が、道徳的人間になってしまうこともある。「人気投票」とは、何と言ってもアメリカを特色づける言葉であるが、これも最近は次第に日本にも入ってきている。

第三節　道徳と政治・経済・科学の統一

アメリカでは、道徳は政治・経済・科学、さらにその他の諸領域と融合し、一つになっているのである。実に、それら幾多の諸領域が切り離せないように交わり合って、いわく言い難いようになっているのが、アメリカ道徳の特徴なのである。しかも、このことは単に学者の理論に表現されているだけでなく、無数のアメリカ人の考えや行動や日常生活の末端に至るまで、くまなく浸透しているように思われる。だから、アメリカでは道徳教育も、もっぱら「全面主義」の立場に立って行われているのであり、人間形成一般がすなわち道徳教育であると考えられているのである。

道徳を現実の社会において実際に実現するためには、現実的で具体的な外的条件なり手段を必要とするであろう。その主要な手段に、政治と経済と科学とがあると確信して、アメリカ人は、この三つの領域を道徳の領域に統一しようとするのである。道徳というものを単に内面的なもの、高い人格、善良な心、善意志などに、つまり個人的な問題にのみ局限する伝統的・旧大陸的な慣習に対して、多くのアメリカ人は、痛烈な批判をあびせかけるであろう。まことに典型的なアメリカ人であるデューイ (Dewey, J., 1859-1952) は、その著『哲学の改造』のなかでほぼ次のような批判をしているが、それは無数のアメリカ人の意見を代弁していると見てまず間違いない、と筆者は考える。

そのデューイの批判は、おおよそ以下の通りである。すなわち、内的な面が偏って強調されすぎると、個々人の道徳的向上だけが大切であり、それのみで社会悪を除去し世の中をよくすることができる、と主張されるようになるのである。政治的・経済的制度の改良は、単に外的なものということになり、それは生活の便利さと快適さとを増すかもしれないが、道徳的な改善を行うことはできないと見なされる。その結果、社会的改善の責任をまったく無理な形で、個々人の善意志とか心がけとか自覚とかに押しつけることになる。これは、どうもアメリカ人には理解できない。それに加えて、ドイツの知識者階級に顕著に見られるような、現実の政治的・経済的・社会的問題に対する受動的態度が助長されることになる。個々人は、自己自身の徳や不徳に対する道徳的内省に専念し、自己の人格的向上のみに努め、まるでさざえがかたく殻を閉じたように自己自身に閉じこもってしまい、かくして現実の社会における一つ一つの政治的・経済的問題について考えるのがわずらわしくなり、社会的諸条件に対して積極的な関心を失ってしまうのである。人間そのものを高め人格そのものを完成させれば、いつかおのずから社会は改善されるであろう、というドイツ的・カント的思考は、われわれアメリカ人に言わせれば、たわごとでないにしても半分の真理でしかないのである。何故ならば、「聖人が内省に専念している間に、逞しい悪人が世の中を動かす」からである。

右の批判は、まことに傾聴に値する。戦争の放棄とか富の平等とか人格の尊厳などを希求して、どんなにそれらを説いてみたところで、それだけではよい結果に到達することはできないであろう。具体的に悪を除き善を実現するためには、その手段である社会制度の改善が伴わなくてはならぬ。社会制度が改善されるためには、政治がよくならなくてはならぬ。政治がよくなるためには、真に清き一票を投ずることができる、あるいは正しい政治を行いうる国民の育成が必要となる。かくして、真に言葉の正しい意味における政治教育は、すなわち道徳教育でもある。こういうことがアメリカ人には、ただ頭のなかだけでなく、四世紀にわたる幾多の血みどろの体験を通して身にしみて分かっているのである。植民地時代以来の体験、経験、実験、事実上の実績、成功と失敗、戦いと流血、これらの蓄積によってアメリカ人の優秀な政治的感覚と能力とが、鍛え上げられていったのである。アメリカ史を一読されたい。アメリカの政治も民主主義も、また教育も、少なくとも「進歩主義教育」あるいは「進歩主義的教育」は、アメリカ史を読まなければ十分に理解できないような気がしてならない。

次に、経済と道徳との関係について考えてみたい。アメリカ人は、「人はパンのみにて生くるものにあらず」という聖書の言葉を決して否定しないけれども、実際主義の立場に立ってむしろ、「人はパンがなくては生きられない」という言葉の方を強く支持するであろう。ここでパンとは、人間が人間らしい生活をしていくために必要な、一切の物質的・経済的なものにほかならないのであるが、アメリカ人によれば、いかに崇高な個人的・社会的理想を持っていても、その理想を実現するためにはまず現実にこの世の中で生きていかなくてはならない。先立つものは、パンであり金である。かつて支那の管子は「倉廩《そうりん》実《み》ちて礼節を知り、衣食足りて栄辱《えいじょく》を知る」と言った。これは生活が豊かになって初めて、道徳心が高まり礼儀を知るようになるという意味であるが、この管子の言葉をうまく英訳してアメリカ人に見せたら、さぞかし賛同することであろう。そうして、ただ個人だけでなく、国家や社会や集団についても同様のことが言える、と言うであろう。

このようにアメリカ人は、政治とならんで経済を道徳の有力な手段たらしめようとする、すなわち、経済の倫理化に努める。もちろん、脱線して非倫理化の道を走ることも現実にはしばしばあるが、これについて述べることが本章の目的ではない。しかし、経済力だけでは、まことの倫理は実現できないことも、私たちはよく知っていなくてはならない。このことは、前述した道徳実現の手段としての政治や制度についても、まったく同様である。単なる制度としての制度の独走、いわば「制度の空転」だけは防止すべきであろう。

ところで、経済的な安定や繁栄のための有力な手段として、アメリカでは科学が十二分に利用されているのである。独立宣言の七年前に、ワットが蒸気機関を完成し、以後産業革命の波が新大陸にも波及していった。大規模な農業の機械化、莫大な天然資源を利用した大工業化によって、アメリカは産業上では、みるみるヨーロッパ先進諸国に追いつき追い越した。しかし、少なくとも植民地時代の百数十年間は、手おので原始林を伐採し、えびのように背を丸めて荒野を耕すしかなかった。しかも、けた違いに広大な土地を、明けても暮れてもである。住まいも丸太小屋で、日々の生活も未開人同然のところが少なくなかった。そこに漸次、最新式の機械が、導入されてきた。その恩恵は、どれほど大きかったことだろう。アメリカ人は、大喜びし、機械を神様のように崇拝するようになった。それが事の始まりとなって(もちろん、その他の原因も一緒になって)、現代でもアメリカ人は、機械とそれがもたらす技術とに絶対的な信頼を置いているようである。絶対的なものをきびしく批判し、斥ける、その同じアメリカ人が、機械と技術は絶対的に信頼しているのである。

その信頼は、当然、機械や大工業の母体である自然科学にも向けられ、そして自然科学に対する熱烈な信仰は、しだいに社会学にも哲学にも教育学にもあまねく染みわたっていったのである。事実を重んじ、仮説を立て実験し検証する、といった科学的方法が殊の外尊重され、しかも科学的な知識や技術の進歩が、人類の道徳的進歩や幸福をもたらすのだ、と確信されるまでに至った。もちろん、物理学、化学、生物学、医学なども具体的に人間の苦悩や障害を除去し、これによってより人間らしい生き方を可能にしてくれるならば、十分に道徳的なものになる。教育の研究にある限度内で正しく、科学的方法を使用するのもよい。しかし、科学は道徳にとって、いな人類にとってあくまで「両刃の剣」であり、かつ目的ではなく手段なのである。もしこのことを忘れてしまうと、アメリカは科学によって繁栄し、科学によって没落しないとも限らない。

しかし残念ながら、今日アメリカでは、教育と教育学への科学的方法の適用は、正しくなされていないことが多い。むやみやたらと、数量化・統計化・図表化が行われ、そうして実験的方法・統計・事実・効率性・数量的客観性などによって具体化されないものについては、いかなるものであれ疑われ無価値であるとされがちである。こと人間については、だから教育についても、これを数量化するには必ず限界がある。その限界を熟知することなく、アメリカ人のように教育をでたらめに科学化・数量化すれば、人間の物質化につながり教育を台なしにしてしまう。これは、まんざら遠い国だけのお話でもなさそうだ。

第四節　不断の道徳的成長

アメリカ人、スタインベック（Steinbeck, J. E., 1902-1968）は、その著『アメリカとアメリカ人』を、次のような印象的な言葉で閉じている。すなわち、「われわれは時に失敗し、誤った道をとり、新しく継続するために立ち止まり、腹を満たし、傷口をなめた。しかし、絶対にあと戻りはしなかった。絶対に」と。ここで、あと戻りはしなかったとは、すなわち前進したと解釈できるのではなかろうか。特に、二十世紀に入る頃までのアメリカは、前進に前進を続けた。そして、その頃までに培われた前進の精神は、今なお消し難く、アメリカ人に生き続けていることだろう。「前進、前進、また前進」、この精神こそアメリカ人とアメリカ社会との一大特質なのではなかろうか。前進は、すなわち進歩でもあり、発展でもあり、そして成長でもある。

「進歩の観念」は、従って成長の観念も、もともとヨーロッパにおいてニュートン（Newton I., 1642-1727）らによってもたらされた近代自然科学の勃興《ぼっこう》と共に台頭し始め、十八世紀の啓蒙時代に至って絢爛《けんらん》たる花を咲かせた。そうして、科学的知識や技術の進歩が、ただちに人類の幸福や道徳的・社会的進歩と結びつけられた。そのために当時の人々は、科学が進歩すれば、もしくは科学的方法を哲学や教育や道徳などにも適用すれば、無限な発展可能性、限りない進歩が約束され、未来はばら色であるという楽天的な幻想を抱くようになったのである。

この考え方が、アメリカに移っていった。先に述べた、アメリカ人の科学万能主義とでも言うべきものも、もともとその種子は旧大陸にあったと見てよい。しかしながら、旧大陸においては、単に自然科学的要素のみならず、従来の哲学的・伝統的要素も変容しながらも依然として維持されていたので、啓蒙思想は全体として見れば、ある種のバランスを保っていたようである。ところがアメリカでは、古い要素はあまり導入されず、新しく台頭した自然科学的・近代的なものが、従って進歩の観念が、一面的に歓迎されたのである。

進歩の観念は、それがアメリカに導入されると、著しくアメリカ的に変容しながら、信じられなかったほど拡大、普及、発展、定着してゆき、新大陸のすみずみにまであます所なく染みわたっていった。何故か。それは、無限に広がる広大な未開の土地が、あったからではなかろうか。旧大陸から導入された種子を、アメリカ的に成長させ、開花させ、結実させたのは、フロンティアにほかならない。フロンティアとは、ヨーロッパでは要塞を有する国境という意味であるが、アメリカでは辺境とか開拓線、すなわち東部から漸次西へ進んで行った開拓地と未開拓地の境界地方を意味する。

植民地時代の初めから約三百年間、アメリカ史の最も顕著な特徴は、移民たちの西部へ進出するやみがたき移動であった。前進につぐ前進、アメリカ人の開拓集落が、西へ西へと進出する。一八一七年に、アメリカのある政治家は言った。「われわれは偉大であり、急速に――『恐ろしいほどに』と言ってもよいほどに――、成長しつつあるのだ」と。

この事実こそまさに、アメリカを理解する鍵である。

アメリカの歴史は言うに及ばず、その国民性、その文化、その固有な民主主義、その伝統、その哲学であるプラグマティズム、そしてその哲学に基づく進歩主義教育と道徳教育などはいずれもことごとく、多かれ少なかれフロンティアないしフロンティア精神に源を発し、かつその産物であるとも言えよう。もちろん、決してフロンティア精神だけの産物ではないけれども、それがかなり大きく影響し、重要な要因となっていることは確かだ。特に、地理的なフロンティアが、まだ消滅していなかった時代（一八九〇年のアメリカ政府の報告によると、地理的なフロンティアは、一八八一年にいちおう消滅した）は言うまでもなく、消滅してあまり歳月を経ていない時代でさえ、明らかにフロンティアの影響は大きかったに違いない。それゆえに、例えばデューイ（Dewey J.,1859-1952）の学説にも、かなり顕著にフロンティアの影響が認められうるはずだ。デューイの主著『民主主義と教育』（一九一六年）、『哲学の改造』（一九二〇年）などと、歴史学者ターナー（Turner, F.J.,1861-1932）の不朽の名著『アメリカ史における辺境《フロンティア》』（一九二〇年）とを丹念に読み比べてみると、そのことが誰にもはっきりと分かるに違いない。同書でターナーは、デューイについて確か一言も触れていない。またデューイも、筆者の知る限りでは、ターナーについて一言も触れていない。しかし、ターナーを読まずしてデューイを語ることはできない、と筆者は考える。ちなみに、ターナーの右の書は、私見によれば「プラグマティズム」ならびに「進歩主義教育」もしくは「進歩主義的教育」の発生源を考察するためには、必読の書である。

ターナーは、フロンティア、すなわち辺境が消滅して二十年あまり後の一九〇三年に、ほぼ次のようなことを言っている。すなわち、「地理的な辺境が消滅してもなお、その影響ははっきりと存続しており、辺境における経験が、アメリカ人の思考の縦糸や横糸のなかに織り込まれてきている」と。それでは、その後はどうなのか。一九五七年に、ス

ミス (Smith, B., 1909-1964) は、ほぼ次のように言っている。すなわち、「辺境は西部への開拓の停止、入植の終了と共に消えたのではなく、現代なお開拓精神 (frontier spirit) は、アメリカ人のなかに深く根ざしているのだ」と。

ところで、もともと辺境の森から生まれた庶民的な変化の哲学は、また旧大陸のさまざまな因襲的桎梏《しっこく》から離反し、古き伝統に抵抗して自由な新天地を築き上げていった移民たちに源を発するアメリカ的思考は、先にも述べたように、絶対的・固定的な原理や目的や善を排斥する傾向が強いのである。そうしてアメリカでは、静的な成果や結果ではなくて、進歩・前進・発展・改善・成長の過程そのものが、重視されるのである。個人にせよ、集団にせよ、ある固定した結果によって判断されるのではなく、むしろ進んでいる状態、成長の度合いによって判断されることになろう。例えば、悪い人間というのは、今まで善であったにせよ、現に堕落し始めている人間、善が減り始めている人間のことであり、逆に、善い人間というのは、今まで道徳的に価値の低いよた者であったにせよ、善くなる方向へ動いている人間のことである、と見なされるであろう。例外もあるが、一般にアメリカでは、過去は問われないし、生まれも問題にされない。環境と本人の努力しだいで、人間は誰でもどんなにでもなれる、という人間性に対する深い信頼の心がみなぎっている。少なくとも、それらが、アメリカ的理想であることだけは確かであろう。

次に、アメリカ人の「貨幣の哲学」に例をとって、考えてみよう。先にも見たように、アメリカでは道徳実現の手段として、確かに経済的なものが重視されているけれども、この場合もまた、蓄積された富にではなく、富を増大し経済的に成長していく過程にこそ価値があると見なされ、その過程こそが目的であり善であると考えられているのである。自分自身で汗水流して、言うに言われぬ苦労をして金をかせぐ行為にこそ意味があり、かせいだ結果としての金、つまり貯蓄や相続財産などは無意味である、と思われている。遊んでばかり怠けてばかりいては、金も得られず、成功もできないはずだ。金と成功とは、勤勉さと優れた能力と人間的価値とを実証する、身分証明書のようなものであると思われている。しかし、金をかせぐ行為の停止と同時に、その証明書は無効になってしまう。

アメリカ人は、金と成功とのために、文字通り死に至るまで、あるいはノイローゼになるまで働くことが多いけれども、彼らは決して守銭奴でもけちん坊でもなく、唯物主義者でもないのである。結果としての金そのものを、目的としていないからである。大金を握ったままで死ぬることは、アメリカ人にとって最大の恥なのである。

最近かなり羽振りが悪くなったとはいえ、アメリカ人の金ばなれのよさは世界的に有名であり、遊びを含めて消費生活におしみなく多額の金を使うのみならず、諸種の社会施設に寄付をしたり、懸命な努力にもかかわらず物質的に恵まれない人々を助けるために気前よく金を出す。「人々からしてもらいたいことを人々にもせよ」というキリスト教の戒律が、今日なお、生き続けているに違いない。災害があれば、それが国内だろうと国外だろうと、必ず篤志家たちの寄付がどんどんなされる。一例をあげれば、終戦直後の日本のあの食うに食われぬ貧窮状態に対して、アメリカがなした偉大な救済行為は、人類史上他に例がない。また、東京は一九二三年の大震災で広範な地域がひどく破壊されてしまったが、幾百万人のアメリカ人の義捐金で、そのかなりが復興した。その義捐金を出した大多数の人々は、震災に遭った一人の日本人も見たことがないアメリカ人であった。数多くの国々に対してなされた、これと同じような例は、いくらでもあげることができる。金を出す価値があると判断したら、どんなことにでもアメリカ人は気前よく金を出す。出した後は、さらりと忘れる、とやかく言いもしないし思いもしない。しかも、あり余った財産から出されるだけではなく、多くの場合、右のような義捐はかなり個人的な犠牲によると言われている。人により、また場合によっては、食費も切り詰めて捻出することもあるだろう。こうしてみると、初期の植民地や辺境において、互いに助け合わなければならなかった状態は過ぎたのではあるが、その「心の習慣」は、今なお残っているようである。

話の本筋は、要するに、アメリカでは固定的な目的や結果ではなくて、成長の過程が重視される、ということであった。

デューイの言葉を借りれば、「究極のゴールとしての完成ではなく、完成させ、仕上げ、磨き上げる不断の過程が生きた目的である」とされるのである。このことは何も富に限らず、学識、正直、勤勉、克己、正義などについても同様である。かような見解はいわば、進行中のものに、進行そのものに価値を見いだす「進行形の哲学」とでも言えようか。「成長そのものが、唯一の道徳的『目的』である」というデューイの言葉の意味するところは、現代なお——無意識的に表面下で暗々裡に支持されているもの、いわば「精神的な地下水」のような形になっているものをも含めて考えれば——多数のアメリカ人に、大なり小なり、生き続けていると思われてならない。デューイの「デ」の字も知らない人々にもやはり、必ず「アメリカ的生活様式」(American ways of life)となって、生き続けているに違いない。筆者には、どうもそのように思われてならないのである。

より以上の知的成長、より以上の人間的成長、より以上の健康の増進、あるいはより以上の経済成長、いずれもすばらしい。しかし時には、アメリカ人は、方向感覚を喪失して、いったい何に向かって成長しているのか皆目わからないままに、四方八方精力的に走りまくることもありそうだ。いや、これもまんざらよそごとでもなさそうである。

第五節　アメリカ人は功利主義者か

功利主義は、快楽主義・享楽主義もしくは幸福主義に立脚している。ゆえに、それは人間の本能的欲望と衝動とを露骨に肯定し、人間の自然的・生物学的・動物的欲求の満足を究極的善ないし目的と考える立場である。そうして功利主義者は、人間の幸不幸を「快苦の差引勘定」によってはじき出すことができるとし、かつ最小の苦痛と最大の快楽とを人間の最高の善であり幸福であると確信して、これを絶対的な固定的目的の地位につかせたのである。まさにそれゆえに、アメリカ人は、簡単に功利主義者となることはできないであろう。アメリカ人は、絶対的な固定的目的を拒否するのだから。

アメリカ人にとっては、過程そのものに価値があったし、成長そのものが目的であった。ところが、功利主義者の方は、過程というものを快楽を獲得するための単なる外的手段だと錯覚転倒している。従って、労働は最小限にとどめるべき必要悪となり、できうる限り苦痛を避けて最大の快楽を得ようとする。何と虫がいい話だろう。しかし、アメリカ人は、すべて価値あるものは容易ではない、ということをよく知っている。従って、困難や障害を避けて通ろうとはせず、むしろみずから積極的に苦労を買って出ることだろう。労働にせよ金もうけにせよ、勇敢に精力的に、あらん限りの力をふりしぼって努力するであろう。しかも、過程を大切にして、今生きている現在に全力を尽くして行動するに違いない。

ピューリタン、すなわち清教徒は、一六二〇年に英国の宗教的迫害を逃れてメイフラワー号でアメリカに渡って以来、怠惰を敵とみなし黙々と働き続けてきたのである。肉欲の誘惑に負けまいとして、徹底的に我が身を労働に打ち込んできた――そこには最大の辛苦と最小の快楽しかなかったにもかかわらず。この伝統は、辺境において培われた休むことなく疲れることなく働く剛勇な勤労精神と相まって、今なお多くのアメリカ人に生き続けているという。

以上のことから理解できるように、口をあけてぽかんと待っていて得られるような快楽は、功利主義者の欲しがっているものではあっても、アメリカ人の望むところではないのである。快楽は、受身的で消費的なものであって、金さえ出せばいくらでも手に入れることができるであろう。しかし、そこには真の「喜び」はない。あるのはただ、退屈と倦怠と虚無のみではなかろうか。功利主義・快楽主義のはびこるところ、ニヒリズム、すなわち虚無主義の発生は避けられない。心の内なる真の喜びとまことの幸福とは、消費的ではなく生産的な、受身的ではなく能動的な行為によってもたらされるものであり、それ相応の苦労とアクティブな働きかけがなければ、決して達成されえないであろう。

まともなアメリカ人ならば、快楽ではなく、真の喜びと幸福とを選ぶに違いない。まともなアメリカ人であれば、自己の内部に相対主義や功利主義の諸要素を有しているにもかかわらず、唯物主義あるいはニヒリズムに陥ることはまずない、と言ってよい。

筆者は、この一文をウーリッヒ（Ulich, R., 1890-1977）の次の言葉にヒントを得て、書いたのである。ウーリッヒは言う。「プラグマティズムは、自己の内部に相対主義や功利主義の諸要素を有している。しかし、これらの要素の存在にもかかわらず、プラグマティズムが唯物論、あるいは懐疑論になることはなかった。……相対主義、不可知論的要素の背後にさえ、合理的な世界秩序に対する一つの深い信仰が存在する。典型的なアメリカのプラグマティストは、しばしば成長が持つ永久に生産的な力への確信を示す。そして、その確信は、それが自覚的でないというまさにその点で、真の強さを示している。けだし、自己の注意および客観的吟味を逃れるものは、まさに一人の人間の内部に存在する最も深い信仰的要素であるからである」（ウーリッヒ、梅村敏郎訳『教育哲学』創文社、一九七二年、六三ページ）と。

ちなみに、筆者は、典型的なアメリカ人はプラグマティストである、そうして典型的でありかつまた同時にまともなアメリカ人は、まともなプラグマティストである、と考えるのである。

本章の冒頭の断り書きにもかかわらず、筆者は右のようについに、まともなアメリカ人、と形容詞を付さなくてはならなくなった。確かに、アメリカには逆の面、つまり功利・享楽・物質主義も、はびこっているからである。そもそも、アメリカ的思考の根底には、「衝動・欲望・欲求・エネルギーの解放」を、当然のこととして是認し奨励する傾向がある。もしその解放が、デューイがその著『人間性と行為』などにおいて詳しく述べているように、「知性」と「熟慮」と「反省的思考」とに媒介されて道徳的方面に向かうならばまったく問題ないのであるが、逆の方向に向かう危険性もある。この危険性が現実となって、刹那《せつな》の快楽に我を忘れるだらしないアメリカ人も、幾百万人いることか。アメリカの悪や欠陥をあばき出せば、際限がない。

しかしながら、われわれ日本人や多くのヨーロッパ人が思っているほど、アメリカ人は、ふわふわした幸福主義者でも享楽主義者でも、また根なし草でもないのかもしれない。表面的に見るとそのように思われるかもしれないが、アメリカ人は、相反した諸要素を自己のなかに同時に有しているので、現象面で理解することが最も困難な人種なのである。彼らは外見以上に真面目であり、外見ほど不真面目ではなさそうだ。彼らは、外見以上に剛であり、外見ほど柔ではなさそうだ、すなわち「外柔内剛」ではなかろうか。ある人が言っている。「アメリカ人は、戦争でもやっているようにゲームをやる。そして、ゲームでもやっているかのように戦争をやる」と。

とかく日本人は、いとも安易にアメリカの現象面を、しかも悪いところに限って、まねる傾向があるのではなかろうか。そもそも日本人は、戦後今日に至るまで、悪い意味においてあまりにもアメリカ化しすぎているのではなかろうか。読者の方々よ！　振り返って考えていただきたい。アメリカ人は、絶対的なものを否定した。まさにこの点に学んで、われわれ日本人は、言わなくてはならない。「アメリカは、絶対的に善でもなければ、絶対的に悪でもない」と。真のアメリカ精神、まことのアメリカ道徳を賢明に探り当てて、この真正なるものにこそ学ばなくてはならぬ。

しかし、たとえどんなに真正なもの、優れたものであろうとも、軽率に直輸入するのはよくない。批判的吟味と日本に適したような再構成が、必要であろう。いわばジャパナイズが求められる。はるか太平洋のかなたで、みごとに花咲き成長する植物でも、日本に移植するとあわれにも枯れてしまうものもある。道徳についても、人間形成についても、同様ではなかろうか。

参考文献

デューイ、清水幾太郎・清水禮子訳『哲学の改造』岩波書店、一九七七年。

ターナー、松本政治・嶋忠正訳『アメリカ史における辺境《フロンティア》』北星堂書店、一九七五年。

スミス、梶田一郎・角田史郎・可児鈴一郎訳『アメリカの文化と国民性』北星堂書店、一九七五年。

ゴーラー、星新蔵・志賀謙訳『アメリカ人の性格』北星堂書店、一九七六年。

スタインベック、大前正臣訳『アメリカとアメリカ人』サイマル出版会、一九七五年。

ウーリッヒ、梅村敏郎訳『教育哲学』創文社、一九七二年。

アメリカ学会訳編『原典アメリカ史』全六巻、岩波書店、一九七六年。

ビーアド、松本重治・岸村金次郎・本間長世訳『アメリカ合衆国史』岩波書店、一九七七年。

島原宣男編、教育人類学研究会訳『現代人と教育の危機（変革理論Ｉ）』新泉社、一九七七年。

上田薫・平野智美編著『新しい道徳教育の探究』教育学講座一六、学習研究社、一九七九年。

ブルーム、管野盾樹訳『アメリカン・マインドの終焉』みすず書房、一九八八年。

ベラー他、島薗進・中村圭志訳『心の習慣』みすず書房、一九九一年。

第四章　わが国における人間形成の史的展開

はじめに

人間形成としての道徳教育の在り方については、いろいろと意見の分かれるところがあり、今日なお論争が続いている。それだけに、道徳教育に関する本質的究明が求められる。

ところが、道徳教育の真に具体的な生きた研究には、単にその一般的な理論だけでなく、その教育史も不可欠である。また、われわれが「道徳教育とは何か」といった、道徳教育の基本的性格を問う場合も、それを歴史的に考察することを避けて通ることはできないのではなかろうか。

道徳と道徳教育の歴史は、決して直線的に進歩発展していくものではない。むしろそれは、その都度の時代的、文化的、あるいは社会的な諸状況に大きく規定され影響されるものであり、そこには成功もあり失敗もあり、善と正義もあり悪と不正もある。そうした歴史的な事実と証拠を客観的に把握し押さえた上で、われわれは今後将来のわが国の道徳教育の真に望ましい在り方を考え、その具体的な計画と実践の方途を探していかなくてはならぬと言えよう。

もちろん、道徳教育が単に歴史によって決定されるだけでよい訳がない。その意味においても、あるいは哲学的な、あるいは倫理学的な高い理想と高遠な目的も欠くことができぬ。しかし、それらが歴史的文脈のなかで歴史的現実を踏まえたものでなければ、それらは空論かつ無力であり、何の役にも立たないであろう。

本章では、日本における明治以降今日に至るまでの人間形成の変遷を史実に基づいて考察し、現在の道徳教育のよってきたる歴史的背景を明らかにすることによって、今後将来の道徳教育の展望と指針、及び具体的な実践の方途について若干の手掛りを得たいと考えるものである。

第一節　学制の知識主義

わが国の全国的規模での近代的な学校制度は、明治五（一八七二）年に公布された「学制」に始まる。封建的な幕藩体制を打破し、近代的な中央集権国家の建設を目指す維新政府は、その重要な政策の一つに教育の普及を掲げている。その新政府による「学制」は、わが国における最初の近代的な教育法規であり、近代的な統一国家を目指すわが国にとって好都合であった、フランスの中央集権的な学校制度を模範としている。しかし、同じその「学制」が、教育学上の主義、教授方法、教材教具などはアメリカの実利主義を導入している。

「学制」の主旨は、その発布にあたり出された太政官布告「学事奨励に関する被仰出書《おおせいだされしょ》」（学制序文）にきわめて明瞭に表現されている。それは、国民皆学の理念、実学の重要性を説いており、そこには、四民平等を宣言し、立身出世主義を謳った福沢諭吉を筆頭とする開明派洋学者の思想がはっきりと表明されている。「被仰出書」の教育観は、その基調において福沢諭吉の『学問のすゝめ』の思想と同一であると言ってよい。「被仰出書」には、「学問は身を立るの財本」と唱えられ、学問や教育は個人の立身・治産のための道との考えから、身分・階級・性別を問わず就学を奨励する近代公教育制度の発足が宣言されている。これは当時としてはまことに進歩的な洋学的立場の教育観であり、欧米の近代思想の積極的な導入によって封建的な身分制による旧弊の打破をはかり、そのようにして個人主義、合理主義、実学主義に基づく近代社会の形成を目指すものである。

確かに「学制」は、小学教科のなかに「修身」、中学教科のなかに「修身学」を置いて道徳教育を行う意図を明らかにしていた。しかし、その具体的な実施要領である、「学制」の二日後に公布された「小学教則」によれば、道徳教科は他の教科よりもはるかに軽く扱われており、下等小学の下から二学年間だけ、行儀・躾について教師が子どもたちに話して聞かせる「修身口授《ぎょうぎのさとし》」という教科があるにすぎない。それは、それ以上の学年においても、上等小学においてもまったく課されていない。当時は、下等小学・上等小学の各々を八級に分け、各級の期間は半年であり、下等小学第八級から始まり、上等小学第一級が最終であった。

当時は各教科で使用された教科書のほとんどすべてが欧米の翻訳ものであったが、修身口授のための資料として指定された教科書も、同様であった。例えば、『童蒙教草』は、英国のチェンバーのMoral Class Bookを福沢諭吉が訳したものである。『民家童蒙解』は、米国のウェーランドのWisdomを青木輔清が抄訳し、修身教科書用に著作したものである。『泰西勧善訓蒙』の前編は、フランスのボンヌの小学校用教訓書を箕作麟祥《みつくりりんしょう》が訳したものであり、『性法略』は神田孝平《かんだたかひら》がオランダ留学時の講義ノートを訳したものである。それらの教科書は、子どもたち自身が持っていたのではなく、教師が口述で授業するための教材資料として活用されたのである。

それらの教科書、及びそれらの内容に即した授業は、文明開化の啓蒙的役割を果たすことを期待されたのではあるが、それだけにわが国土着の伝統的な生活習慣や民衆の日常生活とかけ離れたものであったことは否定できない。長い鎖国と島国的国民性の大きな反動として、当時わが国は欧米心酔と西洋一辺倒へと傾斜し、そうした時代背景が翻訳教科書万能主義とでも言うべきものを生ぜしめたのであろう。

しかし、教育における極端な西洋化と翻訳ものへの傾斜のより直接的な原因は、「学制」が知識主義の原則に立って、近代的な教育を国家富強の必須条件と見なしたところにある。「学制」の知識主義の立場は、孔孟の伝統的な道徳主義の教学を最高のものとしてきた従来の考え方からの一八〇度の転換をはかろうとしてきたのであった。そのために、学校教育全体のなかに占める狭義の、また教科としての道徳教育の比重も、きわめて軽くなってしまったのである。

第二節　知識主義から徳育主義へ

明治一〇(一八七七)年の西南戦争後、自由民権運動が活発に展開されるようになる。これより前に、この運動の反政府的・現状打破的性格に魅せられて、現状に不満を感じていた士族たちがぞくぞくと参加したが、一〇年以後は、さらに大衆運動化していったのである。天皇の側近や政府の高官たちには、こうした運動は国家を危うくするものと思われた。

こうした時代状況のなかで、政府は国家的統一と安定の回復のために、一連の国民教化策を打ち出した。その結果、やがて教学の基本方針は、「学制」の知識(育)主義的立場から、徳育主義へと大きく転換することになる。この転換の契機となったのは、「教学大旨」である。

明治一二(一八七九)年の夏、明治天皇の侍講元田永孚《もとだながざね》(1818-1891)は、聖旨としての「教学大旨」を政府に伝え、儒教主義の立場に立って、国民教育の改革を迫った。教学大旨は、知識才芸を末、道徳を本とし、主知主義的教育を退けて、忠孝仁義の教育、特に孔子の教えを国民教育の基礎にすえようとした。三好信浩によれば、『五箇条御誓文』や『学制序文』(被仰出書)の知識主義から、儒教的徳教主義への転換を求め、しかもそれを天皇側近が聖旨として政府に伝えたところに、歴史的重要性がある」のである。

しかし、「教学大旨」を受けた当時内務卿の伊藤博文《いとうひろぶみ》は、井上毅《いのうえこわし》とはかって、やはり明治一二年九月一日に「教育議」を上奏した。これは教学大旨への反駁書であり、元田の言う教育の矛盾と混乱は、社会状況の変動に伴う必然的結果であり、教育に速効を求めるべきではなく、むしろ学制施行後なお日浅く十分に学制の精神たる知識主義が徹底していないことに原因があるとした（三好信浩「日本における道徳教育の歴史Ⅱ」新堀通也編著『道徳教育』福村出版、一九七七年、八一頁参照）。つまり、伊藤は、儒教主義的道徳教育を復活させ、国家が国民道徳を統一することに反論したのである。

この伊藤の反論に対して、元田は同年九月ただちに「教育議附議」をしたため、これによって「教育議」を批判し、儒教主義的教育を反復強調した。

にもかかわらず、文部大輔田中不二麿《たなかふじまろ》がアメリカの地方分権的教育制度を参考にしながら学制の改革を図った同年九月二九日公布の「教育令」においては、なお元田の主張する道徳教育の復活は実現せず、伊藤の弁護する主知主義的教育政策が引き続き実施された。

思えば、学制は欧米の学校制度に即して、わが国の教育を強力に推進していこうとしたまことに画期的な施策ではあったが、民衆の要求にそぐわないところも多く、また地方の実情ともかけ離れており、その理念の実現はきわめて困難であった。だから、明治一二（一八七九）年に学制は廃止され、代わって同年九月二九日に「教育令」が公布されることとなったのである。この教育令は、学制の行きづまりを行政の地方分権と自由主義によって打開しようとしたのであり、学制が画一主義的であり、中央集権的であった点を改めて、教育の権限を大幅に地方に委譲するものであったから、「自由教育令」とも呼ばれた。

しかし、これもやはり当時のわが国の実情に合わず、激しく非難攻撃されて、わずか一年で廃止となった。それに代わって、翌明治一三（一八八〇）年一二月二八日には、自由教育令とは一八〇度性格を異にする「改正教育令」が出される運びとなる。

改正教育令では元田の「教学大旨」の主張が十分に盛り込まれることになり、これによって教育政策の振子は、再び中央集権主義の方向に傾き、教育の基本方針は学制以来の啓蒙・知識主義的理念から離れて、儒教主義、皇道主義へと大きく転換していくのである。

前年の自由教育令では必修教科の最下位に置かれていた「修身」が、「改正教育令」では教科の筆頭に格上げになり、さらにその実施要領である明治一四(一八八一)年五月四日の「小学校教則綱領」の公布により、初等・中等・高等の三科において、すなわち第一学年と第二学年のみでなく、八年間全学年で「修身」の授業が実施されることとなった。その総時間数は、読方についで第二位であり、第三位の算術よりも多かったのである。

しかも、文部省は明治一三(一八八〇)年に、学制期から指定、あるいは奨励していた大部分の翻訳教科書が日本古来の道徳観に反するとして、その使用を禁止した。翻訳教科書に代わってまず登場したのは、文部省が西村茂樹《にしむらしげき》に託して刊行した『小学修身訓』(明治一三年)などであり、日本あるいは東洋の格言、名句、故事などを集めて編集されている。次に、明治天皇の指示により元田が編集した『幼学綱要』(明治七年)が、明治一五年に全国の小学校に配布されて、国民教育の基礎とされたが、その基本理念は、先の「教学大旨」と同じであり、その内容は孝行、忠節、和順、友愛など二〇の徳目から成っている。だから、その書によって人間形成の儒教主義化に拍車がかけられることになる。

こうして、学制以来の知育主義から徳育主義への路線変更は、次第に徹底していき、第二次大戦時までの修身最優先の伝統が築かれていくのである。

とはいえ、すぐにそのようになったのではなく、そうした動向に対して、開明派の知識人は激しく反発した。特に、福沢諭吉は「時事新報」において、くり返し儒教主義道徳の時代錯誤をつき、明治一五年には『徳育如何』を出版した。洋学派と漢学派の対立抗争は、激しさを増すばかりとなり、明治一〇年代後半から二〇年代初めにかけて道徳教育の混乱はとどまるところを知らないありさまとなってしまった。

第三節　国家主義教育と教育勅語の発布

1　森有礼の国家主義教育

明治一八(一八八五)年に初めて内閣が組織され、総理大臣伊藤博文は森有礼《もりありのり》を初代の文部大臣に任命した。翌明治一九年三月から四月にかけて、森は国家主義の立場に立って、順次に「帝国大学令」「師範学校令」「小学校令」「中学校令」を公布し、これによって近代的な国家主義的国民教育制度の樹立を図った。森の手がけたそれら四つの「学校令」は、教育を効果的に国家目的に奉仕させる体制を生み出した。森の教育方針は国家主義的・軍国主義的であり、富国強兵の目的を達成するものとしての教育に、彼の努力は集中した。特に、国家発展の基礎は教員養成にあるとして、師範教育に大きな期待をかけたのである。師範学校は、軍隊式の全寮制とし、生活面の指導を通して道徳教育を徹底しようとした。このような教育方針は、中央集権的官僚制国家の構築にかなったものであった。

　しかし、豊かな国際感覚を有し、復古派ではなく開明派に属する森は、欧化主義の立場から、近代国家を担いうる人材の育成には近代西欧文化の積極的な吸収が不可欠だと確信していた。だから、森は「教学大旨」と「改正教育令」以来の儒教主義的徳育には強く反対し、「今の世に孔孟の教えを唱ふるは迂闊《うかつ》なり」と断じた。しかも、「修身」については教科書を使用せず、授業内容は教師の自由に委ね、談話や口授によって授業を行うよう指示し、その時数は小学校の全学年において毎週一時間三〇分に減じた。これに刺激されて二〇年代に入ると、さまざまな新しい道徳教育論が盛んになった。各種の宗教に基づく加藤弘之の『徳育方法案』、物理学の法則に基づく杉浦重剛《すぎうらじゅうごう》の『日本教育原論』なども出版された。

これらの動きに対して、反対勢力の元田永孚や西村茂樹らも、黙ってはいなかった。道徳教育の教科書や実施方法に関して自分たちの意見を提出し、森らの陣営に激しく対抗した。遂には、能勢栄による『徳育鎮定論』という両勢力の徳育論争をおさめるための徳育論まで出版されたが、効果はなかった。こうして教育界は混乱のきわまりとなり、その収拾のために「教育勅語」が発布されることになる。

2　教育勅語の発布

「教育ニ関スル勅語」（教育勅語、あるいは単に勅語と略称）が発布されるようなった直接的な動機は、明治二三（一八九〇）年二月に開かれた地方長官会議における道徳教育についての論議である。地方を視察し、さまざまな道徳が渦をなして混沌たる有様となっている事実を目の当たりに見て憂慮した各知事は、その会議において、混乱した徳育論争は教育を不安定に陥らせていると指摘し、文部省はただちに教育の不動の指針を樹立し、混乱の収拾に当たるべきであると内閣に要望した。

時の文部大臣芳川顕正《よしかわあきまさ》は、東京大学教授中村正直にそのための文案を起草させ、総理山県有朋《やまがたありとも》に提出した。中村案を不満とする時の法制局長官井上毅は、山県の求めに応じ、当時の枢密顧問官元田の意見を入れた別の案を作成し、これは政府の支持を得た。最終的には、この井上案に元田がさらに検討を加えて、明治二三年一〇月三〇日に天皇の著作物としての「教育勅語」が発布された。

教育勅語は、「井上案を骨子として、元田が修正を加えたものであるだけに、井上のめざす国体の護持と昂揚という国粋的ナショナリズムと、元田のめざす儒教主義との巧妙な妥協が図られた。しかし、終始井上が主導権を握ることによって、元田の構想する儒教倫理の国教化は実現せず、むしろ森の構想した国体主義の教育理念が実現し、国家的教育制度の内実が整備された、とみなすことができよう」（三好信浩「日本における道徳教育の歴史Ⅱ」新堀通也編著『道徳教育』福村出版、八三頁）。その意味では、教育勅語は森の国家主義教育の延長線上にあると見ることができる。

とはいえ、教育勅語においては儒教主義と近代国家主義との、また漢学派や皇学派と洋学派との対立の調停が意図されているから、天皇制に基づく国体観念を基底として儒教道徳と西洋近代道徳とが立てられている。すなわち、本文三一五文字から成る勅語の内容は三段に分けられるが、その第一段では、教育の根本理念を国体の精華という天皇制に基づく国体観念で説き、第二段では、伝統的な儒教道徳と近代的な社会道徳の両方にわたり、臣民の践《ふ》み行うべき徳目一四項目を具体的に列記し、それらのすべてを「皇道ヲ扶翼」するという点に収斂させ、第三段では、前段で示した臣民の道が、時代と民族の制約を超えて普遍妥当性を持つものであるとした。

3　教育勅語の影響

教育勅語発布の翌日、芳川文相は、訓令を発して勅語謄本を全国の学校に配布することにし、学校の式日などに勅語を奉読するよう求めた。翌明治二四（一八九一）年には「小学校祝日大祭日儀式規定」によって、天皇皇后両陛下の御真影に最敬礼し勅語を奉読する学校儀式の形式が定められた。御真影と教育勅語との神格化された扱いは、第二次大戦の敗戦に至るまで続けられ、半世紀以上にわたって日本国民の思想形成と人間形成に決定的影響を与えたのである。

勅語発布の気運のなかで、それと同年同月の明治二三（一八九〇）年一〇月に「小学校令」が改正され、そこでは徳育が特に重視されている。また、勅語の発布に伴って、その翌年に修身教授は再び教科書によることと訓令され、「小学校修身教科書検定標準」が設けられ、修身教科書の検定が実施される運びとなる。こうして、明治二五年から二七年の間に、約八〇種の検定修身書が刊行されている。

検定教科書は、教育勅語と明治二四年に出た「小学校教則大綱」とに則ることになったが、そのなかでも二〇年代のものは、勅語の徳目をそのまま配列し、毎年同じ徳目を次第に程度を高めながら繰り返し教授し注入していくいわゆる「徳目主義」の教科書であった。ところが、三〇年代に入りしばらくすると、ヘルバルト主義の影響もあり無味乾燥な徳目羅列の徳目主義が改められて、「人物主義」の教科書へと移行する。人物主義の教科書とは、歴史上の模範的人物の伝記を中心に教材を配列し、その人物の生活のなかに勅語の徳目を盛り込んで編集したものである。

第四節　国定教科書の時代と道徳教育

「教科書は世につれ世は教科書につれ」と言えよう。すなわち、教科書は世の中や時代を映し出す鏡である。また、世の中の変化に応じて教科書も変化し、逆に教科書の変化によって教育はもちろん、世の中も影響を受けるであろう。各々の時代における修身教科書の改訂と変遷も、それがそのままわが国における人間形成、つまり道徳・修身教育の理念や方法を示している。こう考えて、われわれは、以下において修身教科書の歴史的変遷について概観しなくてはならない。

1　検定制から国定制へ

教科書検定制度は、明治一九（一八八六）年の森による「学校令」に始まる。しかし、修身については、徳育論争のさなかでもあり、森の判断によって教科書を定めず、教師の談話や口授で授業を行うことになっていた。修身は、もし教科書を使用するとしても、教師の口授資料にとどまっていた。教科書中心で行くか談話・口授の方法で行くかは、当時文部省でさえもかなり頭を痛めた問題であり、方針はその後も当分、二転三転する。

ところが、「教育勅語」が発布されると、先にも触れたように、翌明治二四（一八九一）年に文部省は「小学校修身教科書検定標準」を定め、検定済の修身教科書の採択が義務づけられることになった。ここに、修身教科書の検定制度が発足する。

さらに、日清戦争後明治三〇（一八九七）年頃から、教育勅語の精神を説く複数の検定修身教科書に異論・異説があるのはゆゆしき問題と考えられるようになり、修身教科書に対する国家統制を強化する気運が高まってきた。帝国議会では、国定教科書の編纂を求める決議がくり返しなされ、これに呼応して明治三三（一九〇〇）年には文部省に「修身教科書調査委員会」が設けられる。こうした動きに対しては反対も多く、例えば外山正一《とやままさかず》は「修身教科書無用論」、福沢諭吉は「一切自由に一任の説」をとなえて激しく対抗した。

しかし、折しも明治三五（一九〇二）年一二月に、教科書採択をめぐる贈収賄事件である、いわゆる「教科書疑獄事件」が発覚し、これを契機についに文部省は、翌明治三六年に検定制度を改めて、一挙に国定制度に踏み切る断を下した。「小学校令」の改正により、修身を初め国語、歴史、地理などの教科書著作権を文部省が一手に掌握することになった。ここに、小学校教科書の国定制が発足したのである。こうして、明治三七（一九〇四）年四月から昭和二〇（一九四五）年の終戦に至るまで、全国の小学校で国定の修身教科書の使用が義務づけられることになる。

2　近代的な第一期国定教科書

右のような経緯を辿って、文部省に設けられた「修身教科書調査委員会」が編集したものが、そのまま第一期国定修身教科書となったのである。この最初の国定教科書も、教育勅語の精神に基づいてはいたが、それにしては近代的な個人的倫理と社会的道徳、近代市民社会の道徳を積極的に盛り込んだ内容となっている。「国定化」とか「国定」という言葉から想像されるほど国家主義的な色あいの濃いものではなく、むしろその程度は、前の検定教科書以下であった。労働の神聖さ、職業平等観などの近代的職業道徳も説かれている。それは、当時資本主義の興隆期にあったわが国が、封建的な世襲的職業観を脱して、資本主義経済体制に対応しようとする気運の現れであろう。また、第一期の教科書は、排外的独善的ではなく、「国際主義」や「国際化」についても積極的に教えようとしている。だから、第一期の修身書にはフランクリン、リンカーン、ワシントン、ナイチンゲール、ソクラテス、コロンブスなど多数の欧米人が登場する。その社会的背景として、明治三二（一八九九）年に外国人の「内地雑居」が認められたこと、海外渡航や移民が当時盛んになっており、西欧の近代的道徳に強い関心が向けられていたことなどが指摘できるであろう。

第一期の修身書では、「徳目主義」と「人物主義」の長短得失を考慮して、両者の折衷を図っている。すなわち、目次と各課は、徳目で構成し、内容の記述は人物とその伝記を用いて行っている。この折衷方式は、児童の道徳的感動にうったえて徳目を教えようという意図に基づくものであり、以後の国定修身書にも踏襲されていったのである。

右のような特色を有する第一期国定修身書に対しては、各方面から批判が続出した。保守主義者からは、皇室と国家に対する徳性の涵養に欠けるとか、親孝行についての徳目の取り上げ方が少ないとかの不満が出た。反対に、ヘルバルト学派からは、著しく忠孝の徳目に偏し、児童の興味が無視されているなどと批判された。しかし、何といっても日露戦争以後に勢力を増してきた国粋主義者からの非難が最も激しく、彼らから見れば、第一期の教科書の「近代性」はまったく日本の国情に合わぬものだったのである。

3　家族国家観に基づく第二期国定教科書

そうした激しい非難に応えて、文部省は明治四一（一九〇八）年、修身教科書の全面改訂に着手し、二年後には改訂版が刊行され、以後順次使用の運びとなる。改訂の中心人物は、封建的な家族主義道徳の信奉者であり、家父長制国家観の強力な推進者と言われている穂積八束《ほづみやつか》であった。

その第二期国定修身教科書の一大特色は、「家族国家観」、もしくは「国家主義」を前面に大きくうち出している点である。家族国家観は、孝という親に対する奉仕と、忠という天皇制国家に対する愛国的奉公とを、一大家族国家という論理で包んだのである。すなわち、国とは家の拡大されたものであり、だから国家と呼ばれるという論理である。

「教学大旨」によって提示された「我が国独自の道」は、明治一〇年代後半から二〇年代初めにかけての徳育論争にも耐えて、「教育勅語」の発布以後、次第にその形が具体化されていった。さらに、日露戦争による国民意識の高揚は、第一期国定修身教科書の批判をめぐって「国民道徳論」へと発展した。こうして、忠孝一本の説明、忠君すなわち愛国の教えを中核とする思想が形成され、それを盛り込み映し出したものが第二期国定修身教科書であった。

しかし、第二期国定修身書では、忠孝と愛国の解釈があまりに偏狭なため、「偏狭な愛国心」を植え付けることになってしまうという批判も、民主主義精神の胎動のなかで次第に高まったのである。

4　大正デモクラシー期の新教育と第三期国定教科書

第一次世界大戦後、わが国はデモクラシーの世界的潮流に乗り、いわゆる「大正デモクラシー」の時代を迎える。この風潮は教育界にも反映され、澤柳政太郎や野口援太郎らの「大正自由教育」と呼ばれる新教育運動を生み、児童中心主義に基づいて子どもの自発活動や創造活動が重んじられ、個性を認め伸ばす発達段階に応じた教育の理論と実践が当時としてはまことに華やかに展開されていく。

大正七（一九一八）年から使用されるようになった第三期国定修身書においても、そうした時代状況を反映して第二期とはまさに対照的に近代的、国際協調的色彩が濃く、諸外国をテーマにし外国人を取り上げた教材が多くなり、近代的な市民倫理が強調された。「国交」「公益」「共同」などの社会的道徳の教材が多数登場し、逆に第二期で特に強調された家族主義的国家主義、皇国臣民の道徳、儒教道徳などはほとんど削除された。また、第二期の例えば「大日本帝国」が「我が国」というように、表現もより柔らかなものに変わった。

それでもなお、近代自由主義に合わない時代錯誤の教科書だと批判されることもあり、思い切って新しい教育を推進しようとする教師たちは修身教科書を使わないで教授することが多くなり、修身教授の生活化の主張が高まった。すなわち、「教科書修身」に反対し、子どもの心身の発達や生活に即した人間形成を目指す「生活修身」への転換が試みられたのである。

しかし、こうした動きも、次第に迫り来るファシズムの力に押されて影をひそめてしまう。大正デモクラシーは、咲く花のように短いものであった。

5　昭和のファシズム化と第四期国定教科書

昭和に入り、世界ではイタリアやドイツでファシズムの勢力が勃興する。また、昭和四(一九二九)年にアメリカで起こった大恐慌は、以後数年にわたって世界全体に広がり、文字通り「世界恐慌」となって、当時の資本主義経済を脅かした。

わが国においても、深刻な社会的・経済的不安の時代となり、昭和六(一九三一)年の「満州事変」勃発を契機に、五・一五事件、二・二六事件など次々にテロリズムの嵐が吹き荒れ、こうして日本社会も軍部主導のファシズム体制に入る。世界恐慌の波及による労働争議の続発、失業の増大などの国家的動揺に対処する「治安維持法」の適用と言論・思想の自由に対する蹂躙《じゅうりん》も、徹底的であった。

こうした時代状況のなかで、国定修身教科書は大幅に改訂され、昭和九(一九三四)年から一四年にかけて第四期国定修身教科書の巻一～巻六までが年次的に刊行、使用されていった。この改訂では、再び、振子は極端から極端へ揺れて、大正デモクラシーから「国家主義」への一大転換がなされた。

編集の基本方針は、「教育ニ関スル勅語ノ御趣旨ニ基ヅキ、忠良ナル日本臣民タルニ適切ナル道徳ノ要旨ヲ授ケ、……国体観念ヲ明徴ナラシム」ことであった。だから、第四期の修身書では、国体の本義に基づく忠良な絶対随順の「臣民の道」が強調され、この絶対随順の道徳は、あの「肇国《ちょうこく》の精神」から演繹的に説かれている。すなわち、建国の時から君臣の関係は決定しており、国家があってこそ家も成立するとし、そこから天皇の絶対性を説き、これに対する臣民の絶対服従を義務づけているのである。

ただ、この第四期の修身書は、体裁や教材の取り扱い方の面では、近代的な教育方法を反映し進歩的であった。これは、大正期における新教育運動の成果の部分的継承であると言えよう。

6　決戦下の国民学校期と第五期国定教科書

昭和一二(一九三七)年に始まった中国との戦争は、長期化の様相を呈していた。昭和一五(一九四〇)年九月には、「日独伊三国同盟」が結ばれている。翌昭和一六年一二月には、わが国はついに太平洋戦争へと突入していく。

学校教育においても総力戦体制の確立が焦眉の急となり、太平洋戦争の決戦体制に備えての教育施策として昭和一六年四月から、従来の「小学校令」に代わって、新たに「国民学校令」が公布、施行された。これにより全国の小学校は国民学校と改称され、その国民学校令第一条には、「国民学校ハ皇国ノ道ニ則リテ初等普通教育ヲ施シ国民ノ基礎的錬成ヲ為スヲ以テ目的トス」とある。つまり、国民学校は「皇国民の基礎的錬成」を目的としたのである。そこには、もっぱら超国家主義と軍国主義に奉仕する、国民教育の強化が意図されていることは明白であろう。

広域カリキュラムが採用されて、修身は国語、国史及び地理などから成る「国民科」のなかの修身となり、「国民科修身」とも呼ばれた。この国民科修身は「皇国民の基礎的錬成」という目的を達成するためには、最も重要な教科とされ、「国民学校令施行規則」第三条には、「国民科修身ハ教育ニ関スル勅語ノ旨趣ニ基キテ国民道徳ノ実践ヲ指導シ児童ノ徳性ヲ養ヒ皇国ノ道義的使命ヲ自覚セシムルモノトス」と規定してある。

こうした基本理念に基づいて、国定修身教科書も、全面的に改訂され、第五期国定修身教科書となった。国民科修身の国定教科書『ヨイコドモ』上（一学年用）とその下（二学年用）は昭和一六（一九四一）年度から、また『初等科修身』一（三学年用）とその二（四学年用）は昭和一七年度から、その三（五学年用）と四（六学年用）は昭和一八年度から使用された。

その四には、「日本人は、本来平和を愛する国民であります。けれども、一朝国に事ある時は、一身一家を忘れ、大君の御楯として兵に召されることを男子の本懐とし、この上ないほこりとして来てゐます」とあるが、この「一身一家を忘れ、大君の御楯として」が、全巻を貫いている主軸である（波多野述麿「修身教科書と道徳教育」古川哲史編著『日本道徳教育史』有信堂、一九七五年、二〇二頁）。決戦下にあって、一切のものが戦争に役立つものでなくてはならぬという、せっぱつまった現実の要求に応えようとしているところに、第五期修身教科書の最大の特色がある。

しかし、この期の修身教科書は、第四期のものに優るとも劣らないほど、教材の取り扱い方や内容構成の技術面では近代的・進歩的であった。

第五節　戦後の道徳教育

1　修身科の停止

日本に進駐したアメリカを中心とする連合国軍総司令部（GHQ）は、日本の教育体制から軍国主義と極端な国家主義を一掃するために、昭和二〇（一九四五）年の秋以降、相次いで「四大指令」を発した。これによって、わが国の明治以降の教育は、根本的な転換を迫られることになった。

第一の指令は、一〇月二二日に発せられた「日本教育制度ニ対スル管理政策」であり、軍国主義的及び極端な国家主義的イデオロギーの普及を禁止すること、軍事教育の学科及び教練はすべて廃止することなど、日本教育の民主化を達成するための根本的な改革を要求してきた。

第二の指令は、一〇月三〇日の「教員及教育関係官ノ調査、除外、認可ニ関スル件」と題するものであり、軍国主義的思想や過激な国家主義的思想を持つ者、及び占領政策に反対する者を、学校を初めとする教育機構からただちに追放せよとのいわゆる「教職追放」を命令した。

第三の指令は、一二月一五日の「国家神道、神社神道ニ対スル政府ノ保証、支援、保全、監督並ニ弘布ノ廃止ニ関スル件」であり、神道と神社を国家及び公的教育機関から切り離すよう命令した。

さらに、道徳教育に直接関係するものとして「修身、日本歴史及ビ地理停止ニ関スル件」という第四の指令が、一二月三一日に発せられた。軍国主義的・超国家主義的観念を植え付けるのに利用されたそれらの教科の授業停止と教科書や教師用書の回収が命じられ、これを受けて文部省が実施した教科書の回収と廃棄は、まことに徹底的なものであった。また、総司令部は、停止期間中の代行計画と教科書などの改訂計画を提出するよう日本政府に命じたのである。

その後、文部省と民間情報教育局（ＣＩＥ）との間で折衝が重ねられた結果、地理は昭和二一（一九四六）年六月に、日本歴史は同年一〇月に授業の再開が認められた。しかし、修身の授業はついに再開されることなく、明治五（一八七二）年に「学制」発布と同時に成立し、明治一三（一八八〇）年の「改正教育令」以来、教科の筆頭の地位を占めてきた修身は、完全に学校のカリキュラムから姿を消すことになってしまった。

ただ、右の第四の指令による占領軍命令は、「停止」あるいは「中止」であって、「廃止」ではないことは知っていなくてはならぬ（勝部真長・渋川久子共著『道徳教育の歴史』玉川大学出版部、一九八四年、一頁参照）。「ＧＨＱの指令は、修身を永久に禁止したものではない（「中止 suspention」という言葉が使われている）。むしろ、教科書の改訂をまって再開を許可するはらであった」（柴田義松編著『道徳教育』学文社、一九九二年、二一頁）。修身はその性格上、日本歴史や地理以上に難物であったに違いない。教科として再び設定すべきかどうか、もし設定するとしてもどういう内容のものを、どういう方法で扱うかとなると、総司令部側にも、文部省側にも、よく分からなかったのであろう。まことに道徳教育というものは、いつどこにあっても、最も困難で厄介な問題である。

2　教科の構想から全面主義道徳教育へ

(1)　公民科構想

総司令部が修身の授業停止を指令する前に、昭和二〇（一九四五）年から翌年の二年間ＧＨＱとはほとんど関係なしに日本人自身の手により、新生日本にふさわしいよき公民＝市民（Good Citizen）の育成を目指して「公民教育構想」がねられていたことは、注目すべき点である。敗戦後わずか四か月に満たない昭和二〇年一一月一日、文部省は「公民教育刷新委員会」を設けて大河内一男、和辻哲郎、戸田貞三ら斯界の専門学者に公民教育の在り方を検討させた。同年一二月二二日に同委員会は答申第一号を出し、公民教育による人間形成の必要性を説き、その具体的方策を示した。そのなかで、戦前のわが国の中等学校や師範学校などにも「公民科」が導入されたが、近代的市民性の教育を行うまでには至らなかったことを批判し、「上層カラノ指導ノミガ重ンゼラレテ各人ノ自発性ヲ重ンズベキ公共生活上必要ナ性格陶冶ハ軽視セラレ」てきたことを指摘すると共に、「道徳ハ元来社会ニ於ケル個人ノ道徳ナルガ故ニ、『修身』ハ公民的知識ト結合シテハジメテ其ノ具体的内容ヲ得、ソノ徳目モ現実社会ニ於テ実践サルベキモノトナル。従ッテ修身ハ『公民』ト一本タルベキモノデアリ、両者ヲ統合シテ『公民』科ガ確立サルベキデアル」としたのである。

この「新公民科」にかける期待は、昭和二〇年一二月三一日に修身の授業停止の指令が出たために、さらに高まった。翌二一年五月に文部省は「公民教育実施に関する件」を通達し、「本通牒は停止中の修身科の授業再開ではない。司令部の了解の下に授業再開まで当分これによって道徳教育を行うものであって、修身科の授業再開については将来別に指示する」とした。そのなかに示されている「公民科教育案」も、修身と従来の公民とを一本に統合したものとしての「新公民科」を構想したのである。

この「公民教育」による新しい道徳教育の構想は、昭和二一年五月から二二年二月まで、文部省が五回の分冊で発表した「新教育指針」にも受け継がれている。それは、戦後のいわゆる「新教育」の理論を、民主主義の原理を出発点として説明し、人間性・人格・個性などの語を解説しており、そうした関連において従来の道徳教育と修身科にかわる公民教育の必要性を説いている。

さらに、文部省は昭和二一年一〇月五日に『国民学校公民教師用書』を、また二二日には『中等学校・青年学校公民教師用書』を、翌二二年一月にはその続編を発行した。それらいずれにおいても発行の意図はほぼ同じであるが、国民学校用の「序論」には、次のように述べられている。すなわち、「さきに通牒があったように、これまで使ってきた修身・地理・国史の教科書は、その内容が全体として適当でないと認められたため、その授業は一時停止されることとなった。そこで修身教育はいま、新しい出発をしなければならないことになったのである。……たとえこんな（敗戦という）事情がなくても、もはやこれまでの修身教育は、深く反省して改革しなければならない時になっていたということは、誰でもこれを認めることができよう。授業の停止は、新しい教科書が完成するまでの臨時の処置である。けれどもこのような反省に基づいて、修身教育の改革を細い点にまでわたってやろうとすれば、そのために相当ながい時日がいるということは争われないところである。かといって今日のわが国の情勢は、一日でもこの教育をしないで放っておくことを許さないものがある。そこで新しくこれまでの修身教育に代って、これからやってゆこうとする公民科教育をできるだけ早く始めることを目指して、その参考に本書をつくってその教育への指針を供することとした」と。

敗戦直後の公民教育構想は、『公民教師用書』の作成に結実されたが、その構想は、昭和二二年三月三一日に「教育基本法」と「学校教育法」が公布され、翌四月一日から新制の学校が発足したことによって、実現しないままに終った。〝未発の教育構想〟〝幻の公民教師用書〟となってしまったのである。しかし、それは新制の学校と同時に誕生した「社会科」の内容的基盤を用意することになった。上田薫（1920-）は昭和二一年に文部省に入省し、そこで『公民教師用書』の仕事に参加し、ついで社会科の最初の学習指導要領の作成に力を尽くしたが、その彼の昭和五九（一九八四）年における言葉によれば、「『公民教師用書』の内容がＣＩＥに評価され、そのために社会科という教科が生まれたといわれるのだが、それはその時の仕事がＣＩＥへの迎合ではなく、日本としての問題追究を核心としていたということに基づくであろう。省内の雰囲気にはそういうものがあった」のである。

⑵ アメリカ教育使節団の勧告

昭和二一（一九四六）年、一月元旦の天皇の神格化を否定するいわゆる「天皇の人間宣言」（年頭の詔書）をもって、占領二年めの年を迎えた。「総司令部は二〇年の一二月半ば、宮内省に対して、『天皇が神でないという表明をすれば、立場がよくなろう』という示唆を与えてきたということである」（勝部真長「戦後の道徳教育」古川哲史編著『日本道徳教育史』二五七頁）。ついで一月四日には、全国の保守勢力の指導者たちを震え上がらせた「公職追放」の指令が出された。総司令部は、先の「四大指令」につぐそうした一連の指令と諸占領政策によって戦前の教育を推進した思想、教員、教科書などを次々と廃止、追放し、軍国主義的・超国家主義的教育体制を破壊したのち、日本教育の新たな建設に着手したのである。

その目的のために総司令部は、昭和二一年一月九日にアメリカ本国に向けて約二〇名の著名な教育の専門家を派遣するよう求めた。その結果、スタッダード（Stoddard, G.D., 1897-1981）団長以下二七名の教育使節団員が選任された。そのいわゆる「アメリカ教育使節団」は、三月五日に来日し、「日本側教育家委員会」（昭和二一年一月に設置、同年八月にはこれを拡大改組して「教育刷新委員会」が設置され、これはＣＩＥ教育課、文部省、アメリカ教育使節団などと相互に協力しながら、戦後教育改革の基本を決定していったきわめて重要な委員会であった。委員長は最初、哲学者・前文部大臣の安倍能成《あべよししげ》、後に東大総長南原繁《なんばらしげる》）の委員たちと共に連日視察と会合を重ね、月末に報告書をまとめて帰国した。これが「第一次アメリカ教育使節団報告書」と呼ばれるもので、以後の日本の教育改革の基本的な路線をしいたと言えよう。

その「序論」では、「われわれは与えられた期間中にあらゆる方法を講じて、国民の生来の精力が再び自由にほとばしり出るように、日本のルネッサンスをはばむ弾圧力の所在を、探し出そうと努めた」と述べ、「軍事占領が、自由主義的な日本人指導者の協力と相まって、すでに大体の地均しを終っているのを見て、われわれは安心している。日本の戦争意志は、一層優勢な力によって打ちこわされて、国家神道と武力的侵略の精神は、単刀直入的な指令によって、学校から根絶されつつある」と報告している。

ついで報告書は、第一章「日本教育の目的及び内容」のなかに「修身、倫理」の項を設けて、道徳教育の在り方を論じた。そこでは、まず修身を批判して述べている。すなわち、「近年の日本の諸学校において教授される修身の課程は、従順なる公民たらしめることをその目的とした。忠義心を通して秩序を保とうとするこの努力は、周知の如く社会の重要な人物に支持されて、非常に効果的であったので、やがてこの手段は不正な目的と結びついた。このため、修身の課程は授業を停止されているのである」と。しかし、今後も道徳教育は必要であるという立場に立って、「民主主義的制度も他の制度と同様、その真の精神に適合しかつこれを永続せしむべき一つの倫理を必要とする。そして、その特有の徳目はこれを教えることができ、従ってこれは他におけると同様学校においても教えられるべきである」としている。

さらに、報告書は、道徳教育には二つの考え方があると示唆している。一つは、フランスのように倫理という特別の教科を設ける場合であり、もう一つは例えばアメリカのように必要な徳目の訓練を独立した教科に集中させようとしない場合である。報告書によれば、アメリカでは、「民主主義は価値の多様性を意味しているから、民主主義的目的を達成する手段そのものもまたおのずから多様である。……教師が十分準備ができており、独立心にとみ、愛より出た忠実さを持っていて、しかも、教師一人当りの受持ち生徒数が少なくて十分個別指導ができる場合には、教育の各部分は道徳的全体の精神（the spirit of the moral whole）で満たされ、倫理的訓練はおのずから行われることになる」のである。逆に、戦前の日本の修身は、フランスの方式にならったものであるが、特別の教科を設けて徳目を教えること自体は誤りではないとした。しかし、先に見たように、修身が「不正な目的」に利用された点だけは厳に戒めた。

もし今後も、倫理が単独な一つの学科として教えられるとすれば、次の三つの点に留意すべきであるとした。すなわち、「①真の平等に反しないような、日本の習慣は、できるだけその教材として保存するよう極力努めること。②日常互いに協調し合ってゆく公明正大なスポーツマンシップは、そうした融和が遂げられるようになっている制度の機構と共に、比較研究されて教えられること。③日本のあらゆる種類の仕事と、技術の熟練が達成したあらゆる精神上の満足とは、カリキュラムの中において推賞せらるべきこと」と。

報告書は、全体として見れば、アメリカ民主主義の確信に立って、アメリカで望ましいとされている教育の制度や方法を自信をもってすすめた。しかし、「道徳教育については、かなり遠慮がちな姿勢をとった。フランス方式にするかアメリカ方式にするかについては、『その教授の方法は日本人に委ねて、ただそれが平和的に教えられ民主主義の方向に向けられることだけを条件としよう』と記した（三好信浩「日本における道徳教育の歴史Ⅱ」新堀通也編著『道徳教育』九一頁）。

だから、アメリカ教育使節団の勧告は、すでに「道徳の特設時間」を置くことを、承認していたことになる。少なくとも、否定はしていなかったのである。

(3)　教育勅語から教育基本法へ

「教育勅語」を擁護し、維持しようとする考えが、戦後も存在した。昭和二〇年八月一八日に戦後最初の文部大臣に就任した前田多門も、そのような立場をとっていた。

教育勅語を擁護する政府の方針は、田中耕太郎(昭和二〇年一〇月に学校教育局長、翌年五月安倍能成の後を受けて文部大臣となった)によって、自然法思想と結びつけられることにより理論的な正当化が図られた。田中学校教育局長は、昭和二一年二月二一日に地方教学課長会議における訓示で述べている。すなわち、「終戦後教育の根本たる教育勅語に対し疑いを持ち又は一部の教育者が元旦の詔書によって教育勅語が廃止せられたかの疑問を抱いていることを耳にしております。しかしながら、教育勅語はわが国の醇風美俗と世界人類の道義的な核心に合致するものでありまして、いわば自然法とも言うべきであります。即ち教育勅語には個人、家族、社会及び国家の諸道徳の諸規範が相当網羅的に盛られているのであります。それは儒教、仏教、基督教の倫理とも共通しているのであります。中外に施して悖《もと》らずとはこの普遍性の事実を示したものに外ならないのであります。もちろん、……勅語は必ずしも完全であるとは申せないのでありますが、しかし不完全は決して誤謬ではないのであります」と。

こうした考え方は、当時の文部省の一般的見解と言ってよい。時の文相安倍能成も、右の田中局長の訓示を支持してその四日後の二月二五日に、「私もまた教育勅語をば依然として国民の日常道徳の規範と仰ぐに変りない」と地方長官会議で言っている。

しかし、田中局長の訓示に対して、「読売新聞」は、その三日後の二月二四日の社説「教育再建を阻むもの」で次のようなきびしい批判を加えている。すなわち、「なるほど、教育勅語のなかには自然法的な要素があることは誰も否定しないであろうが、問題は個々の言葉の断片ではなく、全体としての教育勅語の性格である。君臣の義、父子の情というようなものを最高の原則として、他をこれに従属させる道徳体系は単なる自然法と見るべきでなく、封建的なじゅ教の立場であり、民主主義の立場から歴史的に審判さるべき立場であることは、少しでも歴史的にものを考える者にとっては自明のことであると思う」と。

他方、アメリカ教育使節団に協力するためその来日に先立って総司令部の指令によって設けられた「日本側教育家委員会」は、その指令に明示されているように、使節団の帰国後も日本の教育改革について検討を続けた。昭和二一年四月に同委員会は、従来の教育勅語にかわる「新教育勅語の発布」という独自の見解をまとめて、文部省に対して報告書を提出した。

ところで、占領側は教育勅語に対してどのような出方をしたのであろうか。当時GHQ民間情報教育局にあって、戦後日本の教育改革の最高責任者として活躍したマーク・T・オア(Orr, M.T., 1914-)は、昭和二九(一九五四)年の主著のなかで、次のように書いている。すなわち、教育勅語は日本人にとってきわめて神聖な「聖典」("Holy Bible")であったし、「占領軍の役人たちも、『近代国家神道の根本聖典』として、非常に慎重に教育勅語を研究した。これは、占領軍の指令で禁止されたこともなければ、占領方針表明文のなかで特別に言及することも決してなかった。真向からの処置はいずれも、教育勅語の特別な権威をそこねるよりむしろ、強めることになるかもしれないという懸念のために、このように慎重であった。教育の新しい目的が受け入れられるようになれば、教育勅語は現場から姿を消すだろうというのが当初の希望であった」(マーク・T・オア、土持ゲーリー法一訳『占領下日本の教育改革政策』玉川大学出版部、一九九三年〝原本は一九五四年〟一五九頁)と。

アメリカ教育使節団報告書も、教育勅語については、直接的な批判をまったくしていない。「天皇制の存続を得策としたアメリカの対日占領方針に従い、天皇制の批判に結びつかざるをえない教育勅語の批判は意図的に避けたと思われる」(柴田義松編著『道徳教育』学文社、一九九二年、二四頁)。

教育使節団が来日したころ、すでに日本国憲法の草案作成が進行していたが、その公布は昭和二一年一一月三日のことであった。ここに、「天皇は日本国の象徴」であり、「主権が国民に存すること」が確定して、教育の大原則が明示され、道徳教育についても基本的な方向づけが行われたのである。

日本側教育家委員会が母体となって、同年八月に設置された「教育刷新委員会」の第一特別委員会は、九月二五日の会議で先の「新教育勅語」という考え方を捨てることを決定した。以後審議を重ねるなかで、教育の理念を民主的に決定すべく「教育基本法」を制定する方針をうち出し、一二月二七日にはこれを政府に建議するに至った。そうして、占領下三年めを迎え、昭和二二年三月三一日に公布となったのである。

三好信浩も述べているように（新堀通也編著『道徳教育』九三頁参照）、そうした教育基本法の審議と制定に伴って、教育勅語に対する文部省の態度に次のような変化が見られた。第一の変化は、昭和二一年一〇月八日に「勅語及び詔書等の取扱について」という次官通牒を発したことである。そこには、「教育勅語を以て我が国教育の唯一の淵源となす従来の考え方を去ること」「式日等に於て従来教育勅語を奉読することを慣例としたが、今後はこれを読まないことにすること」、また「教育勅語を神格化するような取扱をしないこと」と記されている。しかし、これによって教育勅語を否定したわけではない。

第二の変化は、昭和二二年三月中旬の教育基本法案の国会審議のなかで、教育勅語の部分否定がなされた点である。当時の文部大臣高橋誠一郎はその答弁において、「教育勅語は……新憲法の施行と同時にこれと矛盾する部分は効力を失い、また教育基本法の施行と同時に、これと矛盾する部分は効力を失うのであるが、その他の部分は両立すると思う」と発言している。

第三の変化は、教育勅語の全面否定であり、昭和二三（一九四八）年六月一九日における衆議院の「教育勅語等排除に関する決議」と参議院の「教育勅語等の失効確認に関する決議」とが決定的な判定を下した。衆議院の決議における次のような明言は、特に印象的であろう。すなわち、「既に過去の文書となっている教育勅語が、……今日もなお国民道徳の指導原理としての性格を持続しているかの如く誤解されるのは、従来の行政上の措置が不十分であったがためである。思うにこれらの詔勅の根本理念が主権在君並びに神話的国家観に基づいている事実は、明らかに基本的人権を損い、かつ国際信義に対して疑念を残すもとになる。よって憲法第九八条の本旨にしたがい、ここに衆議院は院議を以ってこれらの詔勅を排除しその指導原理的性格を認めないことを宣言する。政府はただちにこれらの詔勅の謄本を回収し排除の措置を完了すべきである」と。

こうして、半世紀以上にわたり日本人の道徳的価値観を方向づけてきた教育勅語が明確に排除されることになり、神格天皇・教育勅語・修身科という戦前の道徳教育体制は完全に撤廃されてしまったのである。

(4) 社会科と生活指導《ガイダンス》

その前年の昭和二二年三月には、新憲法の精神に則った「教育基本法」、そしてこれに並行して「学校教育法」が公布施行され、最初の『学習指導要領』も発行された。そうして、同年四月一日から六三制による小学校と新制中学校が発足し、いわゆる新教育の形が整ってきた。

人間形成一般としての「全面主義道徳教育」が本格的にスタートしたのは、この時からである、と言えよう。右の法律等のなかにも、道徳教育に関する特別の規定は設けられなかった。道徳教育の指針と基本的な考え方は、教育基本法第一条の「人格の完成」及び「心身ともに健康な国民の育成」という教育の目的のなかに、また学校教育法の第一八条、第三六条、第四二条に規定された小学校、中学校、高等学校の各教育目標のなかに含まれていると考えられていた。そうして、道徳教育は、教育の全分野において、また教育のあらゆる機会を捉えて行われるべきものであるとされたと見てよい。

とはいえ、全面とか全体には、〝軸〟なり〝中心〟が求められる。当時は、「社会科」を中心にして、学校教育のあらゆる面で人間形成を行うという立場に立って、いわば「社会科を中心にした全面主義道徳教育」が構想されていた。あの〝幻の公民教師用書〟に盛り込まれていた「公民科構想」は、社会科がこれを受け継ぎ、道徳教育を進める上で中心的な役割を果たす教科として大きな期待が寄せられた。こうした考え方の背景には、ＣＩＥの指導が働いており、社会科のモデルとしては、アメリカの学校で実施されていた「社会研究」(social studies)、特にヴァージニア州のそれが参考にされた。昭和二二年五月発行の『学習指導要領社会科編』も、ヴァージニア・プランを参考にして作ったと言われている。このことは、同年三月発行の『学習指導要領一般編』の社会科にかかわる箇所についても、同様であろう。

その『一般編』によれば、ここに登場した「この社会科は、従来の修身・公民・地理・歴史を、ただ一括して社会科という名をつけたというのではない。社会科は、今日のわが国民の生活から見て、社会生活についての良識と性格を養うことが極めて必要であるので、そういうことを目的として、新たに設けられたのである。ただ、この目的を達するには、これまでの修身・公民・地理・歴史などの教科の内容を融合して、一体として学ばれなくてはならないので、それらの教科に代わって、社会科が設けられたわけである」。

さらに、『社会科編』では、「社会科は、民主主義社会の建設にふさわしい社会人を育て上げようとする」教科であると述べ、目標を一五項目あげているが、それらはいずれも道徳教育の目標でもあると見てよい。例えば、その一は「生徒が人間としての自覚を深めて人格を発展させるように導き、社会連帯性の意識を強めて、共同生活の進歩に貢献するとともに、礼儀正しい社会人として行動するように導くこと」であり、その三は「社会生活において事象を合理的に判断すると共に、社会の秩序や法を尊重して行動する態度を養い、……正義・公正・寛容・友愛の精神をもって、共同の福祉を増進する関心と能力とを発展させること」となっている。

他方、全面主義の道徳教育をより充実したものにするために、ガイダンス(guidance)の理論が導入された。当初は、まだその概念が混乱しており、訳語も指導、教育指導、補導、案内などさまざまであったが、しだいに生活指導という概念のもとに包括され、訳語も生活指導が多くなる。ガイダンスの領域は、健康指導、職業指導、社会性指導、学業指導などきわめて広範なものと解されていた。しかしガイダンスは、学習指導と密接な関係を持ちそれを補完しながらも、次第に学習指導と対置され、主として教科指導以外の教育活動において行われるものと考えられるようになった。それは、社会科等の教科指導とは一応異なった途で「人間としての生き方」にかかわることによって、人間形成と道徳教育の役割を果すことができると期待されたのである。

(5) 徳育論争の展開

第三次吉田内閣成立の年に当たる昭和二四(一九四九)年頃から、道徳教育の問題が激しく論議され始め、戦後における徳育論争の時代に入る。それは、明治一〇年代後半から二〇年代初めにかけてのあの徳育論争にまさるとも劣らぬものであったと言えよう。内閣総理大臣吉田茂(昭和二一年に最初に首相となるが、特に昭和二三年から二九年の間は連続して首相をつとめ親米政策を推進した)は、機会あるごとに愛国心の高揚と道義の刷新を強調した。自衛権の確立、朝鮮戦争問題、講和条約の締結などが重要な政治的課題になろうとしていた時期である。

昭和二五(一九五〇)年六月、朝鮮戦争が勃発し、米ソの二大陣営は、朝鮮を舞台にして勢力を競い合うことになった。その時から、アメリカの対日占領政策は、それまでの日本を無力化するやり方から、逆にアジアにおける強力な自由主義陣営とする政策へと方向転換することになった。

そのような対日占領政策の変更と相呼応するように、時の文相天野貞祐《あまのていゆう》(哲学者・京大教授・一高校長)は、同年一一月の全国教育長会議で道徳教育の重要性を力説し、「修身科の復活」と天野勅語とも呼ばれた「国民実践要領」の必要を表明した。これは、賛否両論入りまじって世論の大きな反響を呼び起こした。さらに翌昭和二六年一一月一四日の国会でも、その「国民実践要領」の大綱を発表したが、多くの反対にあったため、一一月二七日に文相はその白紙撤回を余儀なくされた。結局、天野は文相辞任後の昭和二八（一九五三）年一月に、それを一私人として自分の著書で発表した。

全面主義道徳教育を支持し、安易な修身科復活に反対する立場も、依然として優勢であった。昭和二五（一九五〇）年八月、「第二次アメリカ教育使節団」としてギブンス（Givens, W.E.）団長以下五名の学者が来日し、九月にその報告書をＧＨＱに提出したが、このいわゆる「第二次アメリカ教育使節団報告書」においても、次のように全面主義道徳教育の徹底が求められている。すなわち、「われわれの一致した意思では、疑いもなく、人間の改善は、全体的改善、すなわち全人格の改善を意味する。……教師は、機会あるごとに、一日の授業中、学問の研究も技能の習得も、ただ単に知力を発達させるだけではなく、また同時に徳性を完成するものであることを指示することができる。……道徳教育は、ただ、社会科だけからくるものだと考えるのはまったく無意味である。道徳教育は、全教育課程を通じて、力説されなければならない」と。

しかし、昭和二五年一一月、天野文相は教育課程審議会に対して、道徳教育の振興策、及び道徳教育のための科目を特設することの可否について諮問した。これに対して翌二六年一月付で、同審議会は「道徳教育振興に関する答申」を行った。そこでも、「道徳教育は、学校教育全体の責任である。……道徳教育振興の方法として、道徳教育を主体とする教科あるいは科目を設けることは望ましくない。……道徳教育を主体とする教科あるいは科目は、ややもすれば過去の修身科に類似したものになりがちであるのみならず、過去の教育の弊に陥る糸口ともなる恐れがある。社会科その他現在の教育課程に再検討を加え、これを正しく運営することによって、実践に裏づけられた道徳教育を効果的に行いうるものと信ずる」と答えている。だから、修身を復活せずに、全教育活動を通して道徳教育を充実させるという原則が確認されたことになる。

右の答申を受けこれに基づいて文部省が昭和二六年二月に発表した「道徳教育振興方策」や四月に発表した「道徳教育のための手引書要綱」においても、答申と同様の考え方が示されている。さらに、七月には『学習指導要領一般編』と『学習指導要領社会科編』との改訂版が発行されたが、そこでもやはり答申を受けて全面主義道徳教育の立場をとっている。

同年九月、サンフランシスコで講和会議が開かれ、対日講和条約・日米安全保障条約の調印が行われた。そうして、翌二七年四月二八日に発効した。この時から、日本は一応、占領体制を解かれ独立することになる。この頃より、道徳教育の強化と徹底を望む声はさらに高まり、逆にこれに激しく対抗する言動も目立ってくる。

そのような時代状況のなかだからこそ、時の文相岡野清豪《おかのきよひで》は昭和二七年一二月、教育課程審議会に「社会科の改善、特に地理・歴史・道徳教育について」と題して諮問し、これに対する翌二八年八月の答申は、先に見た前回の答申における方針を堅持していると言ってよい。そうして一応この二八年答申を踏まえて、昭和三〇(一九五五)年一二月には『学習指導要領社会科編』が改訂、発行された。そこでは、なるほど従来以上に社会科による道徳教育を強調してはいるが、基本的には全面主義道徳教育の方針をとっていることに変わりはない。

3　道徳の時間の特設

徳育論争は、昭和二〇年代末から三〇年代にかけても、依然として激しかった。文部省と日教組の対立も、激しさをますばかりであった。

このような時代状況のなかで、昭和三一(一九五六)年三月、清瀬《きよせ》一郎《いちろう》文相は教育課程審議会に、教育課程の改正、特に道徳教育のあり方について諮問した。これに対して、同審議会は翌年一一月「小・中学校における道徳教育の特設時間について」と題して、「道徳教育のための時間」を特設するという趣旨の中間発表を行った。当時の文相は、岸内閣のもとでの松永東《まつながとう》であったが、続いて同審議会は翌三三年三月一五日に「小学校・中学校教育課程の改善について」と題する最終答申を行った。

そこでは、「道徳教育の徹底については、学校の教育活動全体を通じて行うという従来の方針は変更しないが、さらにその徹底を期するため、新たに『道徳』の時間を設け、毎学年、毎週継続して、まとまった指導を行うこと」、しかも「道徳の時間は、毎週一時間以上とし、従来の意味における教科としては取り扱わないこと」としている。

さらに、「現在道徳教育は、社会科をはじめ各教科その他教育活動の全体を通じて行われているが、その実情は、必ずしも所期の効果をあげているとは言えない。今後もこの学校教育の全体を通じて行うという方針は変更しないが、現状を反省し、その欠陥を是正し、すすんでその徹底強化を図るために、新たに道徳教育のための時間を特設する」と述べている。また、特設「道徳」の目標・内容・方法等については、「教育基本法の精神に則り、本審議会の意見に基づいて、教材等調査研究会において慎重に研究すること」とした。

ちなみに答申は、道徳教育の目標なり、基本的方針として「人間尊重の精神と、それに基づく共同体の倫理」をあげ、「教育基本法は、これらについて必要欠くべからざる骨格を規定した法律である」という意味のことを述べている。

右のような答申を受けたわずか三日後の昭和三三（一九五八）年三月一八日に、文部省は小学校及び中学校の「『道徳』実施要綱」という事務次官通達を発し、同年四月から全国の小・中学校において道徳の時間を特設させることを決定した。同要綱と答申は、基本的にはほとんどまったく同じであるが、その同要綱の冒頭ではまず、「学校における道徳教育は、本来学校の教育活動全体を通じて行うことを基本とする」、と依然全面主義道徳教育の立場に立つことを明言している。このように、従来の全面主義の原則を受け継いで、『道徳』の時間は、他の教育活動における道徳指導と密接な関連を保ちながら、これを補充し、深化し、または統合して、児童生徒に望ましい道徳的習慣・心情・判断力を養い、社会における個人のあり方についての自覚を主体的に深め、道徳的実践力の向上を図る」ものとされた。

次に、そのような要綱に基づいて、小(中)学校の『学習指要領道徳編』が作成され、これによって道徳の時間の目標、内容、指導計画の作成、指導上の留意事項などが明らかにされた。この指導要領は、昭和三三(一九五八)年三月に中間発表がなされて、大方の批判を仰ぎ、同年八月二八日に告示され本決りとなった。続いて、指導要領に則り、またそれとほぼ同じ過程を経て同年九月に小(中)学校の『道徳指導書』が公刊され、特設「道徳」の趣旨、その意義、指導法、評価などについて詳細な解説がなされた。

なお、学習指導要領の告示に先立って、性急かつ強引に道徳の時間を特設させた点は、少なくともその手続きにおいて文部行政の行き過ぎであるとの批判を免れることはできないであろう。そのことも手伝って、実際に当時、当局の姿勢に対して日教組などによる激しい反対運動がくり返され、例えば全国各地での文部省主催の道徳教育指導者講習会は、実力行使といわれる妨害行為のために、異常な混乱のなかで開催された。

確かに、特設「道徳」は、手続き上は正当でなかったか、少なくとも無理があったと思われるが、その本来の意図や目的、あるいはその特質や役割等についての考え方においては、ほとんど問題ないのではなかろうか。少なくとも、何も積極的に断固として反対するほどの理由は、ないのではなかろうか。

その後、昭和四三(一九六八)年には小学校の、翌四四年には中学校の『学習指導要領』の全面改訂が行われた。次に、昭和五二(一九七七)年には、小(中)学校の『学習指導要領』の全面改訂が行われた。さらに、平成元(一九八九)年、平成一〇年、平成二〇年にも、小(中)学校の『学習指導要領』は全面改訂された。しかしいずれの場合にも、道徳教育に関しては、指導内容の項目数等で手直しがあったにすぎず、基本においては昭和三三（一九五八）年のものと変わっていない。人間形成一般としての全面主義道徳教育の原則は、依然として貫かれている。

そうしてさらに、平成二七（二〇一五）年三月二七日に小（中）学校『学習指導要領』の一部改正が告示された。このたびの改正においてもまた、右の基本原則は同様に貫かれている。変更点は、「道徳の時間」を「特別の教科である道徳」、すなわち「道徳科」と改めたことなどである。従って、あの昭和三三（一九五八）年八月に告示された『学習指導要領道徳編』とも基本においては変わっていないと見てよい。ということは、同年三月に通達されたあの「『道徳』実施要綱」と基本は同じであり、源流はそこにあると言ってよい。これは、一、、、、一つの流れではなかろうか。

参考文献

新堀通也編著『道徳教育』講座現代教育学九、福村出版、一九七七年。

古川哲史編著『日本道徳教育史』有信堂、一九七五年。

藤永芳純編著『道徳教育の理論』現代教科教育シリーズ10、東信堂、一九八八年。

勝部真長・渋川久子著『道徳教育の歴史』修身科から「道徳」へ、玉川大学出版部、一九八四年。

村田昇編著『道徳教育論』（新版）現代の教育学②、ミネルヴァ書房、一九九〇年。

教師養成研究会編著『道徳教育の研究』（新訂版）学芸図書、二〇〇八年。

小笠原道雄編著『道徳教育の理論と実践』福村出版、一九八五年。

柴田義松編著『道徳教育』理論と実際、学文社、一九九二年。

片上宗二編著『敗戦直後の公民教育構想』教育史料出版会、一九八四年。

マーク・T・オア、土持ゲーリー法一訳『占領下日本の教育改革政策』玉川大学出版部、一九九三年。

中野光・藤田昌士編著『史料道徳教育』エイデル研究所、一九八五年。

浪本勝年・志村欣一他編『史料道徳教育の研究』北樹出版、二〇〇四年。
神田修・山住正己編『史料日本の教育』(第三次改訂版)学陽書房、一九八六年。

第五章　道徳教育の全体構造

第一節　教育と道徳教育

1　教育の中核としての道徳教育

道徳教育は、教育一般のなかにあって中心的な位置を占め、中心的な意義を有すべきものであろう。「教育とは、人間を人間にする働きである」と言われるが、この後者の人間には当然、道徳性が含まれているであろうし、それどころかそれが中核となっているに違いない。教育の最終目的は、道徳的人格の形成であると言ってよい。このように、道徳教育は、教育一般のなかで最も根本的、かつ究極的な位置づけをされるべきものである。

2　教育活動全体を通じて

『小(中)学校学習指導要領』(以下、小学校と中学校が同じ場合には、単に『指導要領』とする)の「総則」には、「学校における道徳教育は、特別の教科である道徳(以下、「道徳科」という)を要として学校の教育活動全体を通じて行うものであり、道徳科はもとより、各教科、外国語活動(小学校のみ、以下同様)、総合的な学習の時間及び特別活動のそれぞれの特質に応じて、児童(生徒)の発達の段階を考慮して適切な指導を行わなければならない」と述べられており、ここのところは、基本的には戦後の数回に及ぶ『指導要領』の改訂にもかかわらず、今日に至るまで一貫して我が国の道徳教育の基本方針となっているのである。それゆえに、これをいわば「道徳教育の憲法」と呼ぶこともできるであろう。

学校教育は、各教科、道徳科、外国語活動、総合的な学習の時間、特別活動などから成り立っている。これらはいずれも人間形成と密接な関係があり、これらなくして道徳教育は考えられない。道徳性は、知識や技術のように一面的なものではなく、全人格的なものであるから、道徳教育は、ありとあらゆる指導の機会と場を生かして行われなくては、成功しないであろう。人格形成に及ぼす環境の影響も大きい。学校の道徳教育は、そうしたいろいろな指導の機会を捉えて、また多様な指導場面において、それぞれの特質を生かすように、全体として構造的に立案されなくてはならない。

第二節　教科指導と道徳教育

1　各教科の目標に則して

教科指導による道徳教育とは、あらゆる授業でお説教したり、教科の内容や教材を道徳的にこじつけたりすることではなく、何よりもまず、各教科の持つ固有目標の達成を目指すことを意味するのである。各教科の指導が、それぞれの目標に基づき、本来の方法に従って行われてこそ、道徳教育も同時に、また結果として行われうるのである。もし狭く道徳教育にのみとらわれすぎて、各教科の主要なねらいが軽視されたり、忘れられたりするならば、かえって道徳教育自体の目標の達成も、困難となるであろう。

教科教育を通しての人間形成が、道徳教育全体のなかでどのような役割を果たすべきかについては、これまで、必ずしも明瞭に把捉されていたとは言えない。教科の時間における道徳教育と言えば、従来ややもすると、教科の本質的な目標や内容とは直接関係のないことが、最も大切であると考えられることもあった。社会科のように、道徳に直接関係の深い教科だけを問題にしたことも多い。あるいは逆に、道徳に直接的には関係のない諸教科の教材に道徳的要素を無理に外部から付加したりして、それぞれの授業時間にどのような道徳教育を行うかということが、かつてはきわめて熱心に考えられたこともあった。しかし、それらのなかには間違ったものもあるし、もし間違っていなくても、それらは第二次的・副次的なことにすぎぬ。

いっそう大切なことは、何といっても教科本来の目標に則した指導である。教科指導を通して学校は、科学・技術・言語・文学・芸術などに含まれている人類の財産としての文化価値を子どもに伝達し、これによって鋭い知性と豊かな情操を育み、「文化的能力」と「科学的認識能力」を発達させる。これらの基礎がなかったならば、真に正しい道徳的判断力、道徳的心情、道徳的態度、道徳的行為は望まれえない。文化的能力と科学的認識能力の裏付けを欠く道徳は、単なる精神や心がまえのみを一面的に重視し、主情主義・主観主義に陥り、客観性を持たない。理性や知性の裏付けのない道徳至上主義は、危険である。それは、しばしば独断や自己陶酔に陥り、かえって大きなわざわいと悪をもたらす。

それも、古い時代においては道徳であったかもしれぬが、新しい時代においては、それは道徳の名に値しない。時代が新しくなればなるほど、ますます道徳教育が教科指導に依存し、かつ両者が密接な相互関係に置かれる度合いが大きくなるべきである。

各教科、とり分け知的教科の人間形成に対する意義と役割は、それが「超個人的なもの」を子どもに教えるということではなかろうか。「超個人的」とは、個々人の私意、好悪、気分、都合などとは無関係に妥当するという意味である。

新堀通也も述べているように、「知的教科はまさに超個人的な真理、事実、法則を教えることを目的としている」のである。数学や文法を通して、子どもは数理的・論理的・言語的な法則を学ぶ。理科は、自然界の法則や自然支配の法則を教え、ごまかすことなく、あくまでも客観的・合理的にものごとを考える科学的精神を養う。社会科は、客観的な社会的事実や社会の法則や動きを教える。もちろん逆に、「個人的・主観的なもの」も、尊重されなくてはならぬ。例えば、言語は「主観―客観の織りなす混紡」であることをよく知って、国語指導に当たりたい。子どもは子どもなりに「文は人なり」である。

いずれにせよ、知的教科の教育は、単なる知育にとどまらない。人間は自由であるけれども、決して無制約的に自由ではなく、社会や文化や自然には超個人的で普遍的な法則が働いており、事実や真理は個々人の主観や希望を超えたところに、これらにはおかまいなく存在し、個々人を支配しているという超個人的な感覚、また超個人的なものに対する認識能力及びそれを尊重する態度をも養うことができるのである。あるいはまた、子どもは、超個人的・客観的なものに対する主体的な働きかけについても、学ぶことができるであろう。こうして、しだいに人間の生き方における拘束と自由についても、ある程度は分かってくると言えよう。それゆえに、もし知的教科を通しての知育が真に正しいものであるならば、知育そのもののなかに、徳育もしくはその基礎が、分かちがたく内在しているのである。

ちなみに、知的教科によっては、主として知育が行われるが、情操的な教育も行われえないのではない。例えば、国語における詩や文学、また理科における自然の観察などを通して、それが十分に可能である。

次に、音楽や美術などの教科指導を通して行われる、情操教育の道徳教育に対する意義と役割について考えてみたい。私たちは、「知情意」という言葉を、あまりにもひんぱんに耳にする。またペスタロッチーは、諸能力の調和的発展を説き、陶冶というものを「知的陶冶」「心情の陶冶」及び「身体的・技術的陶冶」という、あの三つの領域に大別した。そうして彼は、これらは三つにして一つであり、それぞれ不可分な関係にあって、いずれの一つをも欠くことができないとしながらも、とり分け心情の陶冶をこそ最も重視し、これを「自分の思想の全体系の要石」と言っている。しかも、彼にあっては心情陶冶とは、語をかえて言えば「宗教道徳的陶冶」に他ならない。おそらく、ペスタロッチーにおける「心情」と私たちの考えているそれとでは、意味的に異なったところも少なくないであろう。また、「生活が陶冶する」と主張するペスタロッチーは、学校の教科指導によってのみ、心情の陶冶を行おうとしたのではない。しかし、いずれにせよ、心情の重視は情操の重視でもある。

そこにヒントを得て、私たちは、教科指導による情操教育の道徳教育的役割はある意味で知育より大きい、と言えなくもない。学校の情操教育は、芸術、もしくは芸術的なものを通して、美的感覚を養う。これが、道徳へと導くと見てよい。美と善とは、不可分な関係にあるからである。情操教育は、知育の陥りがちな超個人的なものへの偏重を防ぎ、道徳を冷やかで非人間的なものにはさせないであろう。むしろ、潤いのある豊かな心を養い、知育以上に個性的なもの、個としての人間を大切にし、これを伸ばそうとする。単に知育・徳育・体育のみでなく、「美育」の人間形成に対する意義と役割が、もう一度、見なおされるべきであろう。

さらに、教科のもう一つの分野である体育と道徳教育との関係はどうだろうか。体育は、超個人的・集団的なルールを尊重し、これに服従する精神と態度を養い、チームワーク、フェアプレーの精神を体得させる。体育によって社会性が養われ、この社会性と道徳性とは、例えばピアジェ（Piaget, J.）の「道徳性の発達理論」にも明らかなように、あい共通しあい重なり合う面が多い。

しかし、体育の最大の道徳教育的役割は、それが、道徳的実践と行動の場や機会を与え意志や行動力を鍛える、ということであろう。道徳は、ただ知識や理解だけでも、あるいはただ心情だけでも、あるいはまたこの二つがそなわっていてもまだきわめて不十分であり、さらにそのうえ、強い意志に支えられた実践と行動が伴わなくてはならない。けれども、強い意志力に支えられた実践力と行動力は、学校の椅子に腰をかけて話を聞き、理論を学ぶだけでは、養われえない。実践力は実践によって、行動力は行動によってこそ、養われ鍛え上げられる。しかも、ある行動は、さらに次の行動への意欲と気力を燃え上がらせるであろう。

身体と精神とは、不可分の関係にある。しかも、これは、特に子どもについて言えることではなかろうか。ひよわな肉体は、精神や意志をも弱くし、道徳性の発達の妨げになることもあろう。子どもの道徳性を十分に発達させるためにも、肉体を鍛練し、健康でたくましくしてやらなくてはならぬ。最近の日本では、いわば「精神的生命力の弱体化」が進行していると思われるが、少なくともその原因の半分は、身体的な弱さにあるのではなかろうか。

次に、家庭(小学校)や技術・家庭(中学校)に関連して、一言する。前述のように、ペスタロッチーは、陶冶の主要な三領域の一つとして「身体的・技術的陶冶」をあげている。彼は、技術の陶冶も道徳的陶冶と人間形成にとって不可欠であると考え、それを決して軽視しなかった。私たちの場合も、家庭や技術・家庭の授業などを通して行われる、技術教育と道徳教育は、不可分な関係にある。もちろんここでは、技術教育は、知識や知的理解、あるいは創意工夫などと切り離されたような、狭義の単純な技術の教育を意味しない。こうした意味の技術教育は、道徳教育の基礎であり、前提ではなかろうか。

知識と一体になった技術なくして道徳の実現は不可能であり、家庭生活や社会生活において、現実に、実際に、道徳を実践するためには、生活を工夫しよりよくする技術が欠かせない。逆に、家庭や社会における日常の道徳的実践を通して、技術はさらに磨きをかけられ、上達するであろう。「衣食住」についても、知識と同様に技術の学習も欠くことができない。従って、最近強調されるようになった「食育」についても同じである。技術教育を通して、勤勉、忍耐などの徳も、身につくことであろう。

家庭、技術・家庭以外の多くの教科指導においても、人間形成と結びついた技術教育が求められる。『指導要領』の総則には「道徳教育を進めるに当たっては……、集団宿泊活動（中学校は職場体験活動）やボランティア活動、自然体験活動、地域の行事への参加などの豊かな体験を充実すること。また、道徳教育の指導内容が、児童（生徒）の日常生活に生かされるようにすること。」とあるが、それらの諸活動も、あるいはその他学校内外の文化活動やスポーツクラブへの参加なども、各教科などで学んだ技術なしには決して可能でないと言えよう。

次に、小学校低学年における「生活科」に関して、一言したい。この教科の特質は、具体的な活動や体験を通しての実践的な学習であり、また単に社会認識や自然認識の芽を育てるだけでなく、その過程において基本的な生活習慣や技能を形成し、道徳性、特に実践的なそれを育て、こうして自立への基礎を養うという点であると言えよう。つまり、生活科では、基本的な生活習慣などのしつけを単純に取り上げて指導するのではなく、具体的な生活の場で活動や体験を通して社会認識や自然認識などの芽を育てる過程のなかで、そこに必要とされる道徳性が同時に育まれていくのである。

最後に、小学校五・六学年の「外国語活動」について、説明を加えておく。これは『小学校指導要領』では第四章であり、第二章の「各教科」とは別枠ではあるが、内容的に見て便宜上、本書ではここでも、その他の箇所でも一応各教科に含めて考える扱いとした。

その第四章第二には「日本と外国との生活、習慣、行事などの違いを知り、多様なものの見方や考え方があることに気づくこと」と述べられている。これは、外国の学習を通じて、自国のよりよい理解を促したい、という意味であろう。また、その第三には「外国語活動を通して、外国語や外国の文化のみならず、国語や我が国の文化についても併せて理解を深めることができるようにすること」と述べられている。ここでは、外国の言語や文化の学習と我が国の言語や文化の学習との調和と相互補完が求められていると言えよう。

右のことは、『小学校指導要領』第三章「特別の教科 道徳」第二内容の「第五学年及び第六学年」のなかの、以下の事柄とまったく相通じ、かつ密接不可分の関係にある。それはすなわち、「我が国や郷土の伝統と文化を大切にし、先人の努力を知り、国や郷土を愛する心をもつ」(国家的な面)ことであり、逆に「他国の人々や文化について理解し」(国際的な面)、「日本人としての自覚をもって国際親善に努める」(両者の調和・統一)ということである。

以上要するに、ナショナリズムと・インターナショナリズム、国家的なものと国際的なもの、日本の言語や文化と外国の言語や文化等々の調和と統一とを目指す教育が、求められているのである。そのためには、国語や社会等のみならず、外国語活動等の学習との関連づけも必要である。

こうした意味で、道徳教育の基本原理と大原則を明言している『指導要領』第一章総則第一の2でもまた、道徳教育は学校の教育活動全体を通じて行うものであることを明記した上で、次のことを強調している。すなわち、「道徳教育を進めるに当たっては、……伝統と文化を尊重し、それらを育んできた我が国と郷土を愛し、個性豊かな文化の創造を図るとともに、……公共の精神を尊び、民主的な社会及び国家の発展に努め、他国を尊重し、国際社会の平和と発展や環境の保全に貢献し未来を拓《ひら》く主体性のある日本人の育成に資することとなるよう特に留意しなければならない。」ということである。

2 教材のうちに脈動している道徳的価値

さて次に、以上述べたようなことを、教材という視点から考察してみたい。ここで重要なことは、村田昇の言葉を借りれば、各教科の「教材のうちに脈動している道徳的価値への着目」に他ならない。教材は、その大部分が文化財のなかから教育の目標に照らして選択されたものであるが、この文化財のうちには、それを創造した人間、もしくはその時代や社会の精神が脈動している。そうして、この精神の中核を形成しているものは、一見してすぐにそれと分かろうと分かるまいと、道徳的価値であると言える。従って、文化財や教材のうちには、道徳的価値が存在し、脈動しているのである。

そうした「教材のうちに脈動している道徳的価値」を深く内面的に捉えなければ、真に教材を理解したとは言えない。このように考えると、各教科の精神とそれぞれの教材の持つ固有の価値とが、徹底的に追求されるような、そうした教科指導こそが大切である。

にもかかわらず、今日の教科指導は、雑多なばらばらの知識の注入、もしくは技術や技能の単なる機械的訓練に忙しすぎて、教材のうちに脈動している道徳的価値の追求を忘れてしまってはいないか。例えば、社会機構の分析や事柄の記憶にとどまり、人間不在となってしまっている社会科、自然に対する親しみや愛情を忘れ、法則や概念の注入に終始する理科、技術の単なる機械的練磨に走り、人間性の失せた技能的教科などが、その例ではないか。

3　教材の順次性

教材に関連して、もう一つ述べておこう。道徳教育、もしくは人間形成につらなる教材は、子どもの学習意欲をかりたて、次の学習への動機を内に含むものである、と言えよう。その内容は、子どもの理解力に合っていて分かり易く、かつまた子どものその都度の発達水準からみて、かなりの努力を要するものでなくてはならぬ。分からない教材もよくないが、分かりすぎる教材もよくない。このことは、天野正輝によれば、内容編成における「順次性」の問題につらなるのである。教材内容には、学習意欲を次から次へと連続的に誘導するような、順次性がなくてはならぬ。分かり易さのゆえに、安易な気持、高慢な態度にさせ、忍耐力や努力を要求しないものはよくない。逆に、子どもの発達水準、つまり学習能力や理解力への配慮が欠けているがゆえに、ただくり返し無力感・挫折感をひき起こすだけのもの、これもまた有害無益という他ない。これらのいずれも、人格形成、もしくは性格形成のうえに悪影響を及ぼすに違いない。

これらのことについて、もう少し考えてみよう。分かりすぎる教材を使いすぎると、子どもは、何の発展も進歩もせず、足ぶみするか、退歩するかである。ただ学習意欲が低下するだけでなく、何事にもやる気をなくし、退屈し空虚な気持にとらえられてくる。従って、授業態度、あるいはその他の態度や行動も、次第に好ましからぬものとなり、それが結局、他人や集団に迷惑をかけてしまうことになる。授業がおもしろくなくなると、だんだん怠惰になり、とかく人間的にも堕落しやすいと言えよう。

これとは逆に、子どもの生活や経験からあまりにもかけ離れすぎた、高すぎる内容を教材として選ぶ誤りをおかし、その結果子どもに勉強のみならず、あらゆることについてやる気をなくさせ、人間的・道徳的にも向上どころか、堕落させてしまうこともある。そうした教材は、実は教材ではない。学習者の、広くは学習能力、狭くは理解力との関係を忘れてしまった教材は、本当は教材ではなく、単なる文化財もしくは理念的内容であるにすぎない。教材の教材たるゆえんは、それを学ぶ人が、それを広義には学習し、狭義には理解して、真に我がものにするか否かにかかっている。

要するに、杉谷雅文もその著『教育哲学』のなかで述べているように、すべての教材は、子どもに豊さと発展と完全性への接近とを可能にするように、「よそよそしくて遠く隔たったものでなくてはならぬし、また同時に子どもに真に理解されうるように、親しくて近いものでなくてはならぬ」のである。このような教材こそ、子どもに順次、連続的に学習意欲を起こさせると共に、必ずや人間的・道徳的にも高め向上させるであろう。

4　子どもを人間として取り扱う教科指導

子どもは、一人のこらず尊重され、大切にされ、人間として取り扱われなくてはならぬ。もし教科指導に際して、成績不良、不器用、音痴などであるからといって、子どもが教師や友だちに軽蔑され、嘲笑され、馬鹿にされると、授業がきらいになるだけでなく、先生や友だちや学校までいやになってしまう。もし子どもを人間として取り扱わなければ、意欲的に喜んで学ぼうとはしないであろう。そうして、学習意欲を失い、熱心に学習しなければ、とかく人間としても挫折することになりやすい。これは、教科指導はもちろん、道徳教育の失敗をも意味する。教科指導は、いい意外に大きな副次作用と副産物を伴うものである。

子どもを人間として取り扱ってこそ、学習意欲は高まり、教科指導の効果もあがるに違いない。日々、生き生きとして、積極的に学習することができれば、そこから望ましい副次作用が生じて、必ずや人間的・道徳的にも高まり向上するであろう。

従って、いずれの教科指導においても、子どもに興味とやる気を起こさせ、積極的に課題に取り組み、確実に能率的に学習させるようにすることが大切である。このように、教科の学習と人格の向上とは二者択一的ではなく、効果的に学習させ、勉強好きにさせるかどうかが、人間形成と道徳教育の成否を左右するといっても過言ではない。

第三節　総合的な学習の時間と道徳教育

1　両者の関連

総合的な学習の時間は、「生きる力」の育成のために、各学校の創意工夫によって、横断的・総合的な学習や子どもの興味・関心等に基づく学習を目指している。『指導要領』によれば、この時間の「目標」は次の通りである。すなわち、「横断的・総合的な学習や探究的な学習を通して、自ら課題を見付け、自ら学び、自ら考え、主体的に判断し、よりよく問題を解決する資質や能力を育成するとともに、学び方やものの考え方を身に付け、問題の解決や探究活動に主体的、創造的、協同的に取り組む態度を育て、自己の生き方を考えることができるようにする」（傍点は筆者）ということである。

これを道徳教育の視点で簡潔に述べれば、「道徳にかかわる主体的な学びの発展を通して、自分自身の生き方を育てていくこと」ではなかろうか。『指導要領』からの右の引用では「生き方を考える」となっているが、その真意は決してただ頭で、あるいは机上で考えることではなかろう。「体験的に考える」、あるいは「体得する」という意味であろう。何故ならば、総合的な学習の時間の顕著な特質は、「体験的な学習」だからである。そこでは、体験的な内容を体験的な方法で、つまり子どもの体験と密接に結びついた形で、自分自身の問題として学習させ、その過程で、またその結果として体験的に自己の生き方や人間としての生き方を考えることができるように指導しなくてはならない。それでこそ、「生きる力」や「豊かな人間性」が育まれる。「心の教育」も、真に行われることになる。従って、道徳教育に着眼していえば、総合的な学習の時間とは、「体験による道徳教育の時間」（押谷由夫）と定義できる。

もちろん、体験的な学習は、特別活動などでも、行われうるし、積極的に行われるべきである。例えば、キャンプなどの自然体験、ボランティア活動などの社会体験、この種の体験学習については、特別活動と総合的な学習の時間との指導上の共通したところも多くいずれにおいても行うのが望ましい。

しかし、総合的な学習の時間の著しい特質は、各教科や道徳科などともきわめて密接に関連した一種合科的な「横断的・総合的な学習」であることに着眼しなくてはならない。この視点に立った体験的な学習や問題解決的な学習こそ、この時間に固有なものであると言えよう。

さらに、総合的な学習の時間は、より大幅に各学校の自由裁量に任せられている点も、固有な特色である。『指導要領』には、総合的な学習の時間における「学習活動については、学校の実態に応じて、例えば国際理解、情報、環境、福祉・健康などの横断的・総合的な課題についての学習活動、児童（生徒）の興味・関心に基づく課題についての学習活動、地域の人々の暮らし、伝統と文化など地域や学校の特色に応じた課題についての学習活動などを行うこと」と述べてある。

こうした現代社会の課題、自分にとって切実な課題、学校や地域の課題などに取り組む学習を通して、子どもは主体的に自分の生き方を探し、人間としての在り方や生き方を探究することができる。また、そうした学習過程のなかには、人と人とのかかわり、人と集団や社会とのかかわり、人と自然とのかかわりなどの学習機会も多い。いわば「かかわり学習」の機会が豊富である。というのは、『指導要領』にも記してあるように、総合的な学習の時間においては「グループ学習や異年齢集団による学習などの多様な学習形態、地域の人々の協力も得つつ全教師が一体となって指導に当たるなどの指導体制について工夫を行うこと」、また「地域の教材や学習環境の積極的な活用などの工夫を行うこと」が求められているからである。これらによる「かかわり学習」が、あの「生き方の学習」を助け、両者は結びついて一つになると見てよい。

2 道徳科との関連

さて、総合的な学習の時間における体験活動を通しての生き方の学習と「道徳科」の指導との関連は、どうなるのであろうか。子どもたちが総合的な学習の時間に体験的に学ぶ道徳的諸問題については、これを「指導計画」のなかに位置づけ、「道徳科」において子どもたちに静かに深く考えさせるようにし、その結果を再び総合的な学習の時間に響き返させるというような、往復関係、もしくは循環関係をつくっていく配慮が求められる。逆の方向も、必要であろう。すなわち、まず道徳科で学習し、その後タイミングよく総合的な学習の時間で体験的に学ぶという方向である。いずれにせよ、あれもこれもと欲ばることなく、『指導要領』第三章「特別の教科　道徳」の「内容」に着眼して、指導内容を厳選し絞り込むのがよい。重点化するのがよい。

なお、総合的な学習の時間と道徳科とを混同してはならない。総合的な学習の時間には、それ自身に固有の「目標」があり、この目標は、直接に狭義の道徳教育を目指すものではない。だから、そこでは道徳教育を意識しすぎたり、道徳の「内容」をあまりにも意図的に直接とり扱うべきではない。総合的な学習の時間がその本来の目標を目指して努力する過程で、また努力した結果として、子どもたちの道徳性が育まれると考えるべきではなかろうか。

逆にその分、道徳教育のかなめとしての道徳科の指導計画においては、総合的な学習の時間との密接な関連づけがきわめて意図的、意識的に行われなくてはならない。道徳科では、明確に「道徳の意図的な教育」が行われるべきであり、逆に、総合的な学習の時間に限らず各教科、外国語活動、特別活動などの場面では、いわば「道徳の半ば意図的な、あるいは半ば無意図的な教育」が行われるのが望ましいのではなかろうか。

第四節　特別活動と道徳教育

1　両者の関連

道徳教育は、特別活動を通しても行われうる。特別活動は、子どもたちの自主的活動、集団活動、現実的な生活における実践活動などを重んじ、これらに基づくと言える。あるいは、自主的活動と集団的経験と生活実践とは、特別活動の生命である、と言ってもよい。

特別活動という集団活動の場において、子どもたちは、自主的に自分たちの現実の問題や生活課題との実践的な対決をし、これによって道徳教育の目標にも通ずるような態度、習慣、行動特性が育てられていくであろう。道徳性と社会性とは、不可分の関係にある。子どもたちの道徳性を発達させるためには、特定の道徳的努力を要求するような、集団の実践的な諸活動に参加させ、これによって他人との多様な人間関係を経験させ、集団の規則や規律、すなわち集団における道徳的規範を身をもって学ばせ、集団の一員としての自覚を促すことが大切である。

道徳教育は、すぐれて、行為(動)、もしくは実践にかかわるものである。しかし、道徳的な行為や実践は、抽象的な道徳の理論を単に観念的に知識として教えられることによってではなく、複雑な生活関連のもとで実際に具体的な問題状況に直面してこそ促されうるものである。子どもの内面に根ざした道徳性の育成も、豊かな体験を通してこそ可能である。例えば、勇気ある行為をなしうるような具体的な状況に子どもをおき、その体験をさせなければ、真に勇気ある子どもに育てることはむずかしい。そうした行為と実践としての道徳教育は、何といっても特別活動によって最も効果的に行われうるであろう。もちろん、前述したように体育も、そうした面の教育を十分に行うことができる。

しかし、各教科全般と特別活動全般とを比較したら、後者の方がその種の教育をよりいっそう徹底させることができる。

それでは次に、特別活動の各分野と道徳教育との関連について、少し考えてみたい。例えば、学級活動は、学級生活に関する諸問題を、教師の指導のもとに、児童生徒に自主的、かつ具体的に解決させようとするが、この過程を通して望ましい道徳的実践意欲や態度、あるいは実践的能力を養うことができるであろう。また、学級経営は道徳教育にとって不可欠のきわめて重要な基盤であるが、学級活動はいわば子どもの自主的、自発的な学級経営と言えよう。

学級活動が、横割りの活動であるとすれば、クラブ活動（平成一〇年告示『中学校学習指導要領』で廃止。その後今日に至るまで放課後などにおける部活動を行えばよいという考え方になっている。ここでは、クラブ活動と部活動の両者に共通したことを述べる）は、縦割りの活動であると言ってよい。クラブでは、子どもたちは学級や学年を越えて、共通の興味や関心のもとにあい集い、活動する。彼らは、自分たちのクラブを自分たちで計画し、自主的・自発的に運営する。そうして各人は、自分の力をフルに発揮し、それによってみんなに認められ、学校生活に楽しみを見いだし、やればできるという自信を持つことができるようになるであろう。この自信が、さらに次の実践と行動への意欲を高めるであろう。こうして子どもたちは、ますます自主的・主体的に、しかも仲間のなかで、仲間と共に行動し活動するようになる。このような行動と活動を通して、社会性と道徳性が養われるのである。体験的に人間関係について学び、友情が育まれ、生涯の友ができることもまれではない。

もう一つ例をあげれば、学校行事は、学校全体、あるいは学年全体の集団活動を通して、子どもたちに集団精神や集団生活の規律を実践的に学びとらせたり、協力や責任の重要性を具体的に体験させることができる。

今日、「責任意識」や「全体への奉仕」という言葉は不評になってしまい、まことの民主主義ではなく、国民全体・社会全体ということを忘れてしまった単なる自由主義・個人主義、いな利己主義がはびこっていないとは言えない。民主主義の要石は、多様性を通しての統一である。多様性を、従って個別性、特殊性、個々人、諸状況などをあくまでも認め大切にすることによって、ある共通で統一的な理想なり目的が目指されるところ、そこにはどこでも民主主義がある。「多様の統一」こそ、民主主義の理想なのである。

まことに、いろいろな個々人が社会や集団のために最善を尽くす場合にのみ、社会や集団は存続し、かつ発展しうるであろう。そうして、多様な個々人の最善の力が社会や集団から要求される場合にのみ、個人自身も人間的・道徳的に成長し向上するであろう。こうしたことを、子どもたちは実際に学校行事に参加することによって、集団生活のなかで豊かな体験を通して身をもって学ぶことができるのである。

2　指導の原則

以上のように特別活動と道徳教育とは密接に関連するにもかかわらず、両者を混同してはならない。特別活動には、それ自身に固有の目標があり、この目標は、直接に狭義の道徳教育を目指すものではない。例えば、学級活動は、直接的には学級の現実の諸問題を、教師の指導や助言のもとに、子どもたちに自主的に処理し解決させる活動である。それゆえ、そこにおいては道徳教育を意識しすぎたり、道徳の「内容」をあまりにも意図的に直接とり扱うべきではない。特別活動がその本来の目標を目指して努力する過程で、また努力した結果として、子どもたちは道徳的態度を身につけ、かつ道徳的行動ができるようになると考えるべきではなかろうか。

とはいえ、子どもたちが特別活動を通して体験的に学んだ道徳的な行為と実践、またその際直面した道徳的諸問題などについては、これを「指導計画」のなかに位置づけ、「道徳科」において子どもたちに静かに深く考えさせるようにし、その結果を再び特別活動に響き返させるというような、往復関係、もしくは循環関係を保持する配慮だけは必要である。

ゆえに、『指導要領』の第三章「特別の教科　道徳」にも、「道徳科が学校の教育活動全体を通じて行う道徳教育の要としての役割を果たすことができるよう、計画的・発展的な指導を行うこと。特に、各教科、外国語活動(小学校)、総合的な学習の時間及び特別活動における道徳教育としては取り扱う機会が十分でない内容項目に関わる指導を補うことや、児童(生徒)や学校の実態等を踏まえて指導をより一層深めること、内容項目の相互の関連を捉え直したり発展させたりすることに留意すること」とある。

ところで次に、特別活動においてはできうるかぎり子どもたちの自由で自主的な活動が認められなくてはならず、さもなくば特別活動の生命は失われてしまう、ということに言及したい。児童・生徒会、クラブなどの設定と管理上の責任は、学校と教師にあるけれども、その具体的で詳細な計画と運営は、できるだけ子どもたちの自主性に委ねるのがよい。事前と事後の指導のほかは、子どもたちの責任において活動させるのが原則である。もちろん、学校と教師による正しい意味における指導と監督は不可欠であるが、干渉や抑制がすぎてはいけない。

たとえ特別活動の場合でさえ、子どもたちは、綱につながれ、柵で囲まれるであろう。しかし、その綱は強くても最大限長く、その柵は丈夫でも最大限広い。それゆえ、子どもたちは、まるで綱も柵もなく自由であるかのように感じていることであろう。従って、これは、教師の側からすれば「指導」であるが、子どもたちの側からすれば「自主」であり「自発」であるという、いわば「指導しないかのような指導」「放任であるかのような指導」と言ってもよい。いずれにせよ、特別活動の指導は、教科指導などに比べてよりいっそう、子どもたちの自主性を育成しようとする指導であることを原則とすべきである。

第五節　道徳科における道徳教育

1　補充・深化・関連づけと発展と統合

道徳科の指導は、学校における他のあらゆる教育活動を通しての道徳教育を予想して行われるべきであり、それと分離した形で孤立的に行われてはならない。実際、道徳科の役割は、『指導要領』によれば次の通りである。まず「道徳科が学校の教育活動全体を通じて行う道徳教育の要としての役割を果たすことができるよう、計画的・発展的な指導を行うこと」となっている。そうして「特に、各教科、(外国語活動)、総合的な学習の時間及び特別活動における道徳教育としては取り扱う機会が十分でない内容項目に関わる指導を補うことや、児童(生徒)や学校の実態等を踏まえて指導をより一層深めること、内容項目の相互の関連を捉え直したり発展させたりすることに留意すること」となっている。これらは、要するに補充・深化・関連づけと発展と統合に他ならない。

道徳教育は、すでに見たように、教科指導、外国語活動、総合的な学習の時間、特別活動などを通しても行われるが、教科指導や外国語活動ではそれぞれ固有の目標を達成しなくてはならず、総合的な学習の時間にも固有の目標があり、また特別活動では具体的な実践問題の直接的な処理や解決に忙しいので、道徳教育そのものを計画的、発展的に行うには無理がある。時間的制約もある。それゆえ、道徳科においては、他の場面での道徳教育の足りないところを補充し、他のさまざまな場面で浅く表面的にしか指導できなかった道徳的価値を深化し、さらに他の場面で随時随所において指導したさまざまな道徳的価値を関連づけ発展させ統合しなくてはならない。まさに道徳科とは、さまざまな道徳教育の総合的結節点である。

2 他の場面の指導との相互交流

右とは逆に、道徳科で指導したことを他の場面での指導に生かすことも大切である。すなわち、両者の交流が欠かせないのである。各学校においては、教育活動全体を通じて行う道徳教育と道徳科の指導とが、十分に関連をもって機能するようにしなければならない。これはすなわち、道徳科の指導と他の場面での指導とは、相互作用の関係、もしくは相互依存の関係、もしくは往復関係、あるいはまた循環関係になくてはならぬということに他ならない。

3 道徳的価値の内面的自覚を図る

内面的とは、外面的、表面的の逆であり、内心から、心の底からという意味であろう。道徳科では、『指導要領』のあの「内容」と密着した道徳的価値を子どもに心底から自覚させることを意図しなくてはならない。他のさまざまな場面だけでは、価値意識の希薄な行動様式、態度、習慣などは形成できても、これを十分に内面的な意識的道徳性にまで深めることはむずかしい。他の場面で指導した道徳的価値を、さらに子どもの「内面に根ざした自覚的な道徳性」にまで深め、生涯のさまざまな生活場面で賢明に応用することのできる真の力をつけてやるべきであろう。道徳科の目的と意義は、一つにはこうした「応用能力の育成」にあると筆者は考える。そうして、これは「道徳的価値の内面的自覚」(村田昇)によってこそ可能なのである。

こうした意味で『指導要領解説道徳編』(以下『道徳編』と略記)では、次のように述べられている。すなわち「道徳科の指導の目指すものは、個々の道徳的行為や日常生活の問題処理に終るものではなく、児童(生徒)自らが時と場に応じて望ましい(道徳的な、中学校)行動がとれるような内面的資質を高めることにある。……また、道徳科は道徳的価値を自分との関わりにおいて捉える時間である。したがって、児童(生徒)が道徳的価値を(内面的に、中学校)自覚できるよう指導方法の工夫に努めなければならない。」と。また、「道徳科は、児童(生徒)一人一人が、ねらいに含まれる一定の道徳的価値についての理解を基に、自己を見つめ、物事を多面的・多角的に考え、自己の生き方についての考えを深める学習を通して、内面的資質としての道徳性を主体的に養っていく時間である。」とも述べられている。

以上によって明らかなように、言動としてあらわれたその都度の「今ここで」の外的な道徳的行為だけでは十分ではない。さらに、道徳的価値の内面的自覚を前提とした、時と所を問わず一貫した道徳的実践能力が求められる。総合的な学習の時間、特別活動などでは、主として前者を、逆に道徳科では、主として後者を目指すことになっている。

しかし、両者を相互作用させてこそ、全体としての望ましい道徳教育が行われうる。あの「総合単元的な道徳学習」(押谷由夫)も、そうしたことの具体的な試みであると言えよう。

第六節　あらゆる教育とのあらゆる相互関係

これを図にすれば、次の通りであろう。

道徳科は、道徳教育の「かなめ」であることを示すために、肉太の二重丸にした。相互関係(作用)、もしくは双方向の各々の組をⒶからFで示し、それぞれの組の二つの方向を①と②で記した。道徳科に直接結びつく矢印は肉太にし、ＡＢＣは丸で囲み、特に重要であることを示した。アルファベットも数字も、固定した指導の順序ではない。

道徳科では、道徳教育を意図的計画的に行い、狭義の、直接的な道徳教育を行うものであるが、逆に他の三つの教育においては、道徳教育の意図があまり強くない、広義の、間接的な道徳教育が行われる。直接的であれ間接的であれ、そうした四種の教育のすべてがすべてとつながり合って、道徳教育の全体構造が成立する。この下の図のつながりと指導順序における組合せは、数学的には膨大な数になる。図の①②は別にしても、例えば次頁の図のような組合せがある。

　それぞれの学校、各教師、指導の事柄などによって、適切に選択すればよい。Ⓐ→Fまでの全六つの各相互作用から、Ⓐのみにおける相互作用といったようなものまである。あるいは、ⒶⒷⒸ三つの各相互作用といったものが好都合な場合もあろう。また、それぞれの①と②のいずれかに重点を置くのか、両者が均等なのかという問題もあろう。いわゆる「総合単元的な道徳学習」の計画に当たっては、そうした視点に立って例えば次頁の図のようなアルファベットと矢印を適切に取捨選択し、それらの順序を決め、かつそれらに濃淡をつけておかなくてはならない。この場合にもやはり、あれもこれもと欲ばることなく、あくまでも重点化と構造化に留意すべきであろう。選択肢が多いからこそ、思い切って絞り込まなくてはならない。しかも、そうした「総合単元的な道徳学習の計画」が、「道徳教育の全

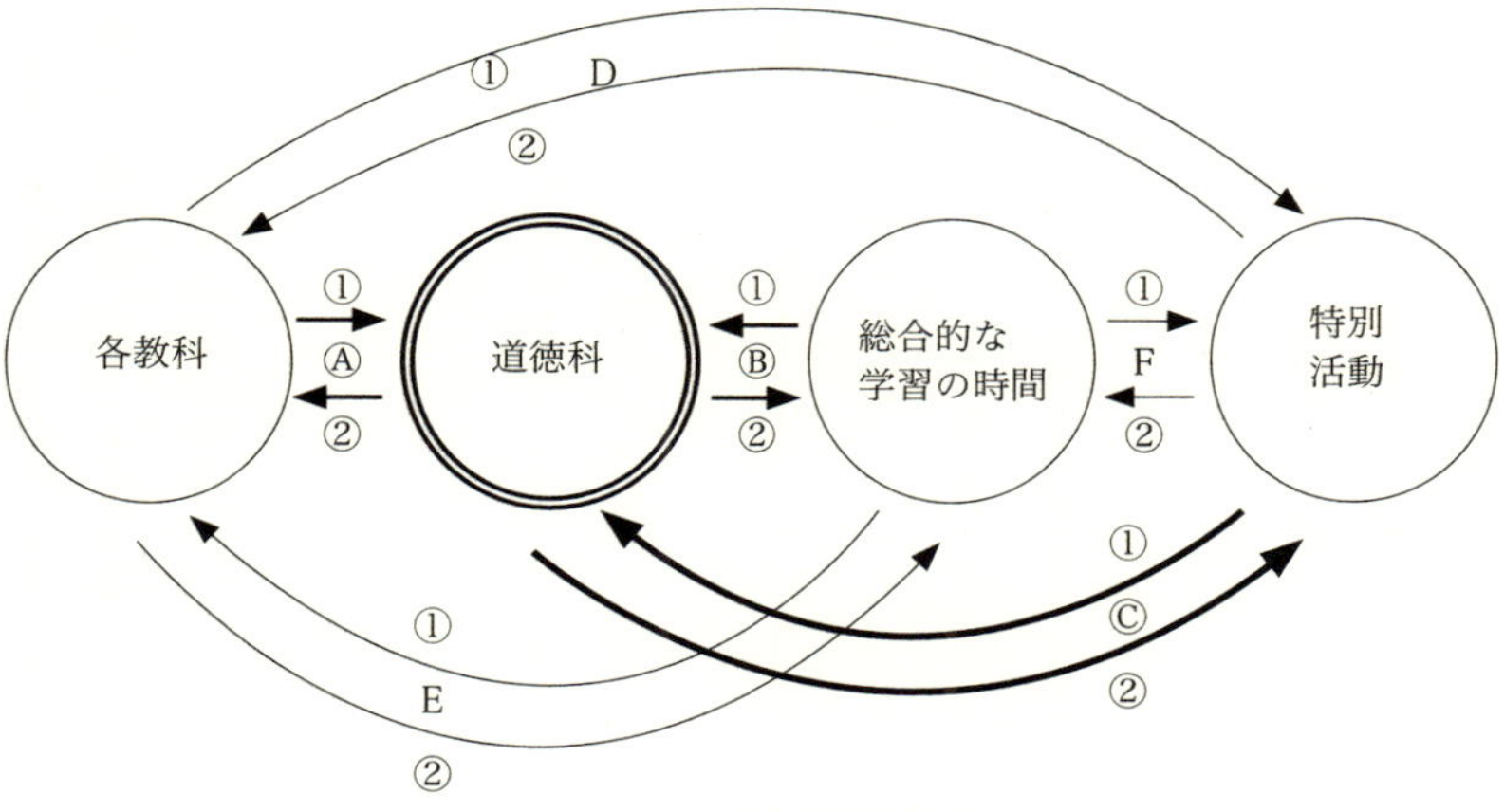

図　道徳教育の全体構造

左右逆も可

D→E→F	→Ⓐ→Ⓑ→Ⓒ Ⓐ→Ⓒ→Ⓑ Ⓑ→Ⓐ→Ⓒ Ⓑ→Ⓒ→Ⓐ Ⓒ→Ⓑ→Ⓐ Ⓒ→Ⓐ→Ⓑ

D→F→E	左の表の右欄　各6種
E→D→F	同上　各6種
E→F→D	同上　各6種
F→E→D	同上　各6種
F→D→E	同上　各6種

D→Ⓐ→E→Ⓑ→F→Ⓒ
Ⓑ→E→Ⓐ→Ⓒ→D→F

等々、他にも膨大な組合せが可。

図　組合せ

体計画」「道徳科の年間指導計画」「学級における指導計画」などに基づき、それらを踏まえたものであり、その結果一連の計画が、まるで順序正しく積み重ねられたひと組みの跳び箱のような形になることが求められる。

第七節　教師の問題

1　教師の人格的影響

教育は、教師である。道徳科における道徳教育は言うに及ばず、各教科、総合的な学習の時間、特別活動などを通しての道徳教育も、教師その人の人格に、大きく左右される。授業においては本来、教師と子どもとが、教材を媒介として、全人格的に交渉し合うことができるであろう。文化的価値や科学的真理を媒介とする人格と人格との接触や交わりが、子どもの人格形成に影響し、子どもを人間的・道徳的にしていく。人格は、人格によってのみ形成されうる。教師は、子どもの人格形成に資する教材を選択し、みごとな授業力を発揮することによって道徳教育を行うだけではない。教師自身の人格や人間性が、道徳教育の重要な素材を提供する。例えば、教師自身の人格が、真理を大切にし、いささかの虚偽も許さないというものであってこそ、子どもに、真理を愛し、真理に従って生きようとする道徳的実践意欲と態度と実践力を育成することができる。

いかに教材が真理で貫かれ、そのなかに道徳的価値が脈動していても、またいかにすぐれた近代的教授方法を駆使しても、それらはいずれも教師の人格を媒介して作用するがゆえに、もし教師の人格に問題があり、子どもに尊敬も信頼もされない場合には、道徳教育は成功しないのである。逆に、他の面では若干の問題があっても、教師のすぐれた人格は、それを補って所期の目的を達するであろう。

言うまでもなく、そうした見解は、真理の半分にすぎない。確かに、すべてを教師の人格の問題に解消してしまうのは間違いである。というのは、教師は、何といってもよい授業ができなくてはならぬからである。学校の教育活動の大半を占める授業に熱心であり、授業力があることが求められる。授業に怠惰で、それが下手であれば、それだけでも教師失格と言える。教師失格は、もちろん、道徳の教師としても失格である。授業が十年一日のごとくマンネリズムになってしまったり、授業力の劣っている教師に対しては、子どもたちは、不満を感じ、これが積もり積もると教師をあらゆる面で、従って人間的・道徳的な面でも尊敬できなくなり、ついに教師不信に陥ってしまうことであろう。たとえ、その教師のいわゆる狭義の道徳には欠点がなくてもである。すでに今から約百年前に澤柳政太郎も言っている。「近来師弟の関係が紊《みだ》れたとて、教師の人物徳行を非難するものが多いが、余は師弟の関係をよくする方法として、教授法の改良を以って最も大切なりと信ずるものである」と。

これに似たことは、単に各教科や道徳の授業のみならず、総合的な学習の時間や特別活動の指導、あるいは生徒指導についても言えることである。たとえ授業はしないにせよ、これらの指導においても、教師の専門的な知識と技術が不可欠であり、これなくしては道徳教育はおろか、それ以前の、またその他のいかなる教育においても成功は望めないであろう。

以上で明らかなように、教師の人格だけでは、問題は解決しない。このことを十分に知ったうえで、やはり教師の人格を問題にせざるをえない。人格の教育は、人格によってこそ可能だから。

2　教師の道徳

教師が、いかに古今東西の倫理学説に通じていても、いかに説話の技術に長じていても、その知識や説話が教師その人の生活態度や行為によって裏づけられていなかったら、子どもは、ただ「言行不一致」という悪徳を学びとるだけであろう。教師が、すぐれた知識と技術を駆使して教育したり、道徳の授業をすればするほど、子どもはますます多く、かつ徹底して言行不一致を学びとる。これは、悲劇という他ない。それならば、まだ初めからまったく道徳を教えないほうがはるかによい。

教師がいかに人間の平等を説いても、教師その人が子どもに対して「不公平」で「えこひいき」をしていれば、その道徳教育は、まったく逆効果になってしまう。また、教室では「みんな仲よく」と教え、「人を愛せよ」と説く、その同じ教師が、もし教室の外では同僚といがみ合い、揚げ足とりやあらさがしに熱中しているならば、その一貫性の欠如、矛盾や二重人格はいつの日か子どもの知るところとなろう。なるほど、言行一致は、人間のなせる業《わざ》ではないかもしれない。いわば程度における「言」と「行」の不一致は、宿命的なものかもしれない。しかし、方向と一貫性における「言」と「行」の一致は、努力しだいでは多くの人に可能であり、それゆえに当然、教師にも要求されるべきである、と筆者は考える。

こうしたことと関連して、教師にありがちな悪徳に「偽善」「表裏ある言動」「完成者意識」などがあり、これらがまた、道徳教育の大きな障害となる。教師にとって、いな人間にとってきわめて大切なものは、素直で純な心、わだかまりのない透明な心ではなかろうか。飾ることのないさながらの人間そのもの、また「人間らしい人間」であって初めて、真の教師であると言える。

言うまでもなく、教師は、豊かな学識と教養、すぐれた教育技術、誠実さと高い人格などを有しているにこしたことはない。しかし、未熟な教師であってもよいではないか。完成されていること以上に大切なことは、不断に若々しく成長し続けることではなかろうか。教師は、完成者意識を持つことなく、つねに精神的な若さを失わずに日々新たに成長、もしくは向上し続けなくてはならない。しかし、これは、自分みずから自分を教育することによる他ない。「若さと不断の自己教育」、これも大切な教師の道徳であり、それゆえ、道徳教育の成否を左右するものである、と言えば誇張であろうか。

参考文献

村田昇編著『道徳教育論』（新版）現代の教育学②、ミネルヴァ書房、一九九〇年。

杉谷雅文・村田昇編著『教育学原論』（全訂版）現代の教育学①、ミネルヴァ書房、一九八四年。

杉谷雅文著『教育哲学』玉川大学出版部、一九六八年。

新堀通也編著『道徳教育』講座現代教育学九、福村出版、一九七七年。

村田昇編著『これからの教育』東信堂、一九九三年。

澤柳政太郎全集六『教師と教師像』国土社、一九七七年。

シュプランガー、村田昇・山邊光宏共訳『教育学的展望――現代の教育問題』東信堂、一九九三年。

シュプランガー、村田昇・山邊光宏共訳『人間としての生き方を求めて――人間生活と心の教育』東信堂、一九九六年。

文部科学省『小学校（中学校）学習指導要領』東京書籍（中学校は東山書房）、二〇〇八年、二〇一五年三月一部改正。

文部科学省「小学校（中学校）学習指導要領解説　特別の教科　道徳編」、二〇一五年。

押谷由夫・伊藤隆二編著『新小学校教育課程講座　道徳』ぎょうせい、一九九九年。

押谷由夫監修『総合単元的な道徳学習』東洋館出版社、一九九九年。

第六章　人間形成としての生徒指導と道徳教育

第一節　生徒指導の特質と道徳教育

1　生徒指導の特質

まず第一に、人間形成としての生徒指導は、学校教育のあらゆる場と領域に作用する機能である。各教科（以下小論では、また本書全体においても、小学校の場合には各教科、あるいは教科指導には、便宜上、外国語活動も含まれるものとする）、道徳科、総合的な学習の時間、特別活動などのあらゆる場面においてはもちろん、さらに教育課程外においても、生徒指導の原理に基づく指導が行われなくてはならないであろう。道徳教育についても、同様であろう。

第二に、生徒指導は統合的な活動である。すなわち、生徒指導は、学校におけるあらゆる教育活動を統合する機能を持っているのである。

一般に、生徒指導は、子どもの人格の健康の維持・増進や望ましい人格の発達を図ることを目標としていると言われているが、そうだとすればそれは統合的活動である。何故ならば、人格そのものが、統合的なものだからである。生徒指導は、心身の調和のとれた全人としての人格形成をねらっている。このねらいの達成のためには、生徒指導はあらゆる教育活動を相互に関連づけながら、統合的に推進していかなくてはならない。

それゆえに、生徒指導の「統合理論」と「全体構造」が求められ、かつ不可欠である。しかも、これは道徳教育についてもまったく同様であると筆者は考えるのであり、そうしたことに関する理論構築が、本章の中心目的である。

第三に、生徒指導はすべての子どもを対象にし、個別的で発達（開発）的な（developmental）教育を基礎とするものである。

生徒指導の意義は、青少年非行対策などの消極的な面にだけあるのではなく、積極的にあらゆる子どもの人格のよりよき発達、もしくはよりよき人間形成を目指すと共に、学校生活が、一人ひとりの子どもにとっても、また学校の大小さまざまな集団にとっても、有意義で充実したものになるようにすることを目指すところにある。

第四に、生徒指導は一人ひとりの子どもの人格を尊重し、個性の伸長を図りながら、同時に社会性の育成を目指し、社会的な能力や態度を高めようとするものである。

人格の尊重、人間尊重、個人の尊厳などは教育基本法の根本精神でもあり、道徳教育にせよ、生徒指導にせよ、まったくあらゆる教育を貫く基底的な立場でなくてはならない。人格の尊重は個性の尊重を意味し、唯一無二のかけがえのない個性を尊重すればこそ、個性の伸長が可能になると言えよう。そうして、個性の伸長は、個々の子どもの「自己実現」と最上の発達のための援助を意味する。

しかし、個性の伸長としての生徒指導は、一人ひとりの子どもがそれぞれの特質を生かしながら、集団や社会のよき成員として、望ましい集団生活や社会生活をすることができるような能力や態度の発達の援助をも意味するのである。「社会性」の育成も、不可欠である。以上要するに、生徒指導の主要なねらいの一つは、子どもの「社会的自己実現」（social-self - realization）に他ならぬということである。

第五に、生徒指導は子どもの現在の生活の現実に即しながら、具体的、実際的な活動として進められるべきである。これは、生徒指導の最も顕著な特質であり、道徳教育と比較した場合の生徒指導の最大の特質でもあると言ってよい。

第六に、生徒指導は、子どもの自己指導の能力を育てることを究極のねらいにしている。このねらいの達成のためには、自発性、自主性、主体性及び自律性の育成が不可欠である。だから、決められたことを決められた通りに、決められたやり方でやらせるということでなく、必ず自己決定するというところがどこかになくてはならない。道徳教育についても同様であるが、ただ生徒指導の方法は、右に述べたようによりいっそう具体的で実際的であり、現実生活の問題解決に直接的に結びついている場合が多い。

2 生徒指導と道徳教育の共通性と相違性

このことに関する若干の指摘は、すでに右に述べたことのなかにも含まれていたが、この問題についてもう少し考察を加えたい。

すでに見たように、人間形成としての生徒指導と道徳教育の共通点もしくは重層的な面はかなり多く、そのため両者はほぼ同一のものであると言えなくもない。筆者はいずれの概念をもかなり広く解し、二つの間にできるだけ多くの共通性を認める立場に立つものである。

指導の実際においても、両者の区別をする必要はあまりないように思われる。また、子どもたちにとっても、両者は共に自分たちの「生き方」にかかわるものであり、両者の違いが特に意識されることはほとんどないであろう。

しかし、方法論的に見れば、両者には対照的な相違性もある。生徒指導はいわば「下からの援助」であり、従って生徒指導にあっては「ここで、いま、現に」どうするかが重要な視点となっている。そうして、生徒指導は、一人ひとりの子どもの特殊的・具体的な「状況」を重視し、実際的な活動として進められる。前述の第五の指摘の通りである。これに対して、道徳教育はいわば「上からの指導」であり、従って道徳教育では客観的な「価値」や「規範」や「当為」が重視される。また、高い「理想」が強調され、そこへと子どもたちの「生き方」を引き上げてやろうとする。それゆえに、道徳教育においては「どうであるか」ではなく、「どうであるべきか」が重要な視点となっている。生徒指導においては現実性、特殊性に、道徳教育においては理想性、一般性に重点が置かれていると言えよう。

もちろん、以上は一応の区別にすぎない。何故ならば、いわゆる「生活指導的道徳教育」と呼ぶこともできるような「下からの道徳教育」もあるからである。この種の道徳教育は、方法論的にも生徒指導との共通性がきわめて大である。生徒指導と道徳教育の共通性は、主として生徒指導と「下からの道徳教育」との間に見いだされ、逆に両者の相違性は、主として生徒指導と「上からの道徳教育」との間に見いだされると見てよい。

いずれにせよ、一般に道徳教育は「道徳性の育成」を目指すものであり、子どもが現在のみならず将来も人間らしく生きていくために必要な価値について学び、まとまりのある価値観を形成し、これが道徳的実践に結びついてくることをねらっている。しかし、生徒指導の場合には、こうした指導の意図は比較的弱く、むしろ実際問題の効果的解決、行動の具体的変容などのいわば「対策的指導」に力点が置かれる。もちろん、道徳教育においても、具体的な実践や行動に即して行う下からの指導も多い。しかし、こうした場合も、道徳教育の目指すところは、究極的には望ましい実践や行動の基盤としての道徳性の育成にある。生徒指導とは、人間としての「生き方の指導」であるとよく言われるが、この指導が特に「道徳性の育成」に重点を置いて行われる場合に、これを道徳教育と呼ぶことができるであろう。

道徳教育と生徒指導は、それぞれ特質を有しながら、いずれも人間形成を目指し互いに共通性も多く密接に関連するので、指導に当たっては両者の補い合う面に着眼し、相互作用を助長することが望まれる。生徒指導は規範への指導よりも現実を重視するので、とかく体系を欠き散漫になりやすく、逆に道徳教育は規範を重視するために、原則論で押しすぎたり、形式的になりやすい。道徳教育は生徒指導に支えられてこそ、形式化を免れいろいろな状況に柔軟に対応でき、生徒指導は道徳教育による補完によってこそ、体系と確たる明瞭な目標を与えられるのである。

以上によって明らかなように、両者の特質と関連を明らかにし、両者を密接に相互作用させるための理論が必要である。すなわち、すでに触れたように、生徒指導と道徳教育の「統合理論」と「全体構造」が求められる。そうしてこれらを踏まえ、これらに基づいて、人間形成のための生徒指導と道徳教育との「全体計画」が、それぞれの学校で立案されるべきである。

第二節　教科指導・総合的な学習の時間の指導及び特別活動と生徒指導の相互関係

1　教科指導や総合的な学習の時間の指導と生徒指導の相互援助

「総合的な学習の時間」は、単なる一教科ではなく、教科に結びつきながらも教科を越えたものではあるが、以下小論では便宜上、また形の上で一応教科に属するものとする。

教科指導や総合的な学習の時間の指導と生徒指導とは、子どもの人格の全面的発達という教育の本来的目的のもとに統一されなくてはならない。両者は、互いに相互作用することによって、子どもの全人的形成に収斂していくのである。

まず、「教科指導や総合的な学習の時間の指導の生徒指導への援助(この語は「貢献」と言いかえてもよい。以下同様)」から考えてみよう。教科指導を通して学校は、言語、文学、科学、技術、芸術などに含まれている人類の財産としての文化価値を子どもに伝達し、これによって鋭い知性と豊かな情操を育み、文化的能力と科学的認識能力を養うことができる。これらの能力を十分に伸ばすことが、生徒指導の課題としての人格形成や社会的自己実現の達成を助けると言ってよい。

しかしその際、各教科の目標や内容そのもののうちに、直接生徒指導のねらいとするものが含まれている場合と、そうでない場合がある。前者にあっては、ある教科のある指導をすることが、そのまま直接的に生徒指導のねらいの達成を助け、それゆえにその教科指導自身が同時に生徒指導であるとも言える。例えば、人間の社会生活そのものに直接関係することの多い社会科や生活科などが、特にそうである。総合的な学習の時間については、なおさらである。しかし、これはその他のあらゆる教科についても、多かれ少なかれ言えることであり、例えば国語、理科、あるいは体育などの指導内容のなかにも、よく考えてみると、それ自身が生徒指導の内容と一致するものもかなり見いだされうるであろう。けれども、そうでない場合も多い。例えば、五十音や九九の指導、あるいは英文法の指導などがそれである。こうした場合は、いわば「教科指導の生徒指導への間接的援助」であり、これも生徒指導にとって不可欠である。

右の場合とはやや異なって、各教科や総合的な学習の時間内にではあるが、「教科指導や総合的な学習の時間の指導の本来の目標や内容の範囲外において生徒指導の機会が見いだされる場合」もある。総合的な学習の時間にはもちろん、教科指導の場にも、教師と子どもたちとの人間的な触れ合いの機会があり、子どもたちが互いに交わり合い、ぶつかり合う機会も少なくない。こうした機会に、子どもをよく理解することができ、理解しながら例えば「日常生活の基本的生活習慣」(この語を筆者は、広義に使用する)などについてその都度指導し、指導しながらまた理解することができる。この種の指導を、機能としての生徒指導そのものであると言うこともできるであろう。

次に逆の方向、すなわち「生徒指導の教科指導や総合的な学習の時間の指導への援助」について考察したい。

これにはまず第一に、「教科指導や総合的な学習の時間の指導への直接的援助」がある。もし授業が理解できなかったら、子どもにとって毎日の学校生活は、苦痛そのものであろう。授業についていけないための劣等感と不適応は、子どもの内面に深く影響し、怠学、登校拒否、犯罪行為などにまで追いやってしまうこともある。こうした学習上の不適応の予防と救済のためには、教育課程の改善も必要であるが、生徒指導も欠かせない。一人ひとりの子どもの悩みの相談に温かく応じ、その能力や適性、家庭状況などもつかみ、学習上の不適応の原因をつぶさに分析し、一人ひとりの実態に即した指導方針を打ち出して、適切な指導をしなくてはならない。

さらに、「学習活動の条件整備としての生徒指導」も、「教科指導や総合的な学習の時間の指導への直接的援助」に含まれると見てよかろう。これには例えば、子どもの学習計画の立て方、地域の人々との交わり方、図書館や資料室の利用方法、参考書や辞書の選び方と使い方などについての指導がある。これらは、一種の学習指導であり、同時に生徒指導でもあるが、道徳教育とは言わない。しかし、間接的に、また何らかの意味で道徳教育を助けると思われる。

第二に、「生徒指導の教科指導や総合的な学習の時間の指導への間接的援助」がある。これは、「学級などの生活条件の改善に関する生徒指導」のことである。これには例えば、教室内の座席の決定、グループ学習のための班の編成、学級の美化、学級における人間関係の調整などに関する指導がある。

2　特別活動と生徒指導の相互援助

筆者は、生徒指導が学校の教育活動全体を通して行われるという機能概念に基づいており、この立場が今日では一般的になっている。しかし、生徒指導は特別活動という特定の領域において行われるという領域概念も、かつてはかなり優勢であったし、今日なおこれが支持されることもある。何故ならば、特別活動は他のいかなる領域にもまして、より多く、より有効に生徒指導が機能する領域だからである。実際に、特別活動のあらゆる指導が、生徒指導そのものであると見ることもできるほど、両者の関連は特に密接不可分である。

すでに第一節で、生徒指導の諸特質について述べたが、ここで、それらと特別活動の主な特質とを比較してみたい。これは『指導要領』の「特別活動の目標」のところにも示されているが、おおよそ次のようになるであろう。すなわち、特別活動は「心身の調和的発達」「個性の伸長」「自主的、実践的な態度の育成」などを「望ましい集団活動を通して」達成していこうとするのである。前の三つの事柄は、学校教育の一般的目標でもあり、また生徒指導の目標や特質ともほとんど完全に重なり合うと見てよい。しかし、それら三つを「集団活動を通して」達成していこうとするところは、特別活動ならではの著しい特質である。それゆえに、特別活動は、主として集団活動を通しての生徒指導であると言える。

以上要するに、特別活動そのものが生徒指導であるということである。また、これを「特別活動の生徒指導への援助」と表現することもできる。しかし、この援助に含まれるものとして、特別活動におけるさまざまな集団活動の場面を通して得られた子ども理解の資料の異なった場面と領域における生徒指導への活用もある。これによって、特別活動以外のあらゆる場における生徒指導も、よりいっそう適切なものとなりうるであろう。

さらに、生徒指導は、学業指導、個人的適応指導、社会性・公民性指導、進路指導、保健指導、余暇指導などに分けて計画されることがあるが、これらは特別活動の一分野である学級活動と密接に関連する。学級活動によっても、それら各種の指導が行われる。だから、この場合も「特別活動の生徒指導への援助」と言える。しかし、逆も真ではなかろうか。例えば学業指導、適応指導など他のいろいろな場において行われるそれら各種の指導が、学級活動を助けるであろう。これは「生徒指導の特別活動への援助」の一例にすぎない。

第三節　教科指導・総合的な学習の時間の指導及び特別活動と道徳教育の相互関係

1　教科指導や総合的な学習の時間の指導と道徳教育の相互援助

両者は、互いに相互作用しながら、人格の全面的発達という教育の本来的目的のもとに統一されなくてはならない。まず、「教科指導や総合的な学習の時間の指導の道徳教育への援助」から考えてみよう。各教科の指導によってこそ、鋭い知性と豊かな情操を育み、文化的能力と科学的認識能力を養うことができる。これらの基礎がなかったならば、真に正しい「道徳的な判断力、心情、実践意欲と態度」は望まれえない。文化的能力と科学的認識能力の裏付けを欠く道徳は、たんなる精神や心がまえのみを一面的に強調し、主情主義・主観主義におちいり、客観性を持たない。理性や知性の裏付けのない道徳至上主義は、しばしば独断や自己陶酔におちいり、かえって大きなわざわいと悪をもたらす。それは、道徳の名に値しない。新しい時代であればあるほど、ますます教科指導が道徳教育に貢献し、これを助けることが求められる。

しかしこのことは、決して学校をひからびた知識の切り売りと詰め込みの場とすることの主張を意味しない。今日、わが国の学校にしばしば見られる誤った主知主義には歯止めをかけねばならぬし、徳育につながる知育にするためには、授業の質と教材の質を変えなくてはならない。総合的な学習の時間のねらいも、まさしくそこにある。その体験的な学習が道徳教育を助ける。

知育のみならず、体育、美育、技術的教育なども、徳育につながる可能性を十分に持っていると言える。この可能性をできうる限り現実化すべきであるが、これはあらゆる授業でお説教したり、各教科の内容や教材を道徳的にこじつけたりして、道徳くさい授業にすることを意味しない。そうではなく、何よりもまず、各教科の持つ固有目標の達成を目指すことこそが大切である。各教科の指導が、それぞれの目標に基づき、本来の方法に即して行われてこそ、道徳教育も同時に、また結果として行われうるのである。

次に逆の方向、つまり「道徳教育の教科指導や総合的な学習の時間の指導への援助」について考えてみたい。これは結局、「よい教科指導のための基本的前提をいかにして道徳教育によって育むか」という問題ではなかろうか。この前提の主なものを二つだけあげれば、一つは「教師と子ども及び子ども相互の望ましい人間関係」であり、もう一つは「日常生活における基本的な生活習慣の形成」であると言えよう。両者は、生徒指導の問題でもあるが、同時に道徳教育の問題でもある。

これら二つの前提が欠けると、よい授業ができなくなる。最悪の場合には、まったく授業が成り立たなくなるであろう。しかし逆の場合には、子どもたちの授業態度がよくなり、目が輝き、興味とやる気も起こるであろう。これは「道徳教育の教科指導や総合的な学習の時間の指導に対する援助」のほんの一例にすぎないが、このような援助によって教科指導などがそのようにすばらしいものになったその瞬間、逆の方向の援助も生ずるであろう。すなわち、そのようなすばらしい教科指導などが、道徳教育を助けるのである。こうして、両者は互いに相互作用をくり返すことになる。

2　特別活動と道徳教育の相互援助

特別活動という集団活動を通して、子どもたちは、自主的に自分たちの現実の問題や生活課題との実践的な対決をし、これによって道徳教育の目標にも通ずるような態度、習慣、行動特性が育てられていくであろう。子どもたちの道徳性を発達させるためには、集団の実践的な諸活動に参加させ、これによって多様な人間関係を経験させ、集団の道徳的規範を身をもって体験的に学ばせ、集団の一員としての自覚を促すことが大切である。

道徳教育において重視される道徳的な行為(動)や実践は、抽象的な道徳理論を単に観念的に知識として教えられることによってではなく、実際に具体的な問題状況に直面してこそ促されるものである。だから、行為や実践としての道徳教育は、何といっても特別活動によって最も効果的に行われうるのである。

以上要するに、特別活動そのものが道徳教育であることを意味する。また、これを「特別活動の道徳教育に対する援助」と表現することもできる。さらに、この援助に含まれるものとして、特別活動におけるさまざまな集団活動の場面を通じて得られた子ども理解の資料の異なった場面における道徳教育への活用もある。

次に、「道徳教育の特別活動への援助」についてはどうであろうか。前者は、よい特別活動のための前提をも育むことができるのではなかろうか。この前提の主なものを二つあげれば、ここでもまた「教師と子ども及び子ども相互の望ましい人間関係」と「日常生活における基本的な生活習慣の形成」であろう。

右に述べたようなことも含めて、一般的にさまざまな場合に道徳教育と特別活動の間にも、相互作用と相互援助がくり返されると言えよう。

その例をもう一つだけあげよう。『指導要領』における「総則」及び「特別の教科　道徳」と「特別活動」のいずれの「目標」の箇所にも、「自己の生き方(中学校は、人間としての生き方)」についての考えを深めることが強調されている。ここでも、両者の相互補完、あるいは相互援助が求められていることは明白である。

しかし、特に「道徳教育の方からの援助」は、何であろうか。特別活動では、行為や実践、あるいは体験が重視されるあまり、価値意識の希薄な行動様式、態度、習慣などは形成できても、これらを十分に意識的道徳性にまで高めることはむずかしい。特別活動で指導したことを、さらに子どもの「内面に根ざした道徳性」にまで深め、生涯のさまざまな生活場面で賢明に応用することのできる真の力をつけてやるべきであろう。道徳教育の特別活動への貢献は、一つはこうした「応用能力の育成」にあると言える。

3　教科指導や総合的な学習の時間の指導と特別活動の相互援助

この両者の相互関係の考察も、「生徒指導と道徳教育」というテーマに、少なくとも間接的には結びつくと思われる。従って、両者の関係について少し述べておきたい。

まず、「教科指導や総合的な学習の時間の指導の特別活動への援助」から考えてみよう。これには知的、技能的、あるいは心情的な援助があると言えよう。充実したよい特別活動にするためには、日ごろの教科指導で習得されたさまざまな知識や技能、あるいは心情が、子どもたちの実践活動に生かされることが必要である。例えば、理科の知識と技術は科学クラブの活動に、体育の知識と技術はサッカークラブの活動に生かせる。また、教科指導は学校行事をも助け、例えば運動会や学芸会には、各教科で指導した各種の知識や技術、あるいは情操的なものや意志的なものが総合的・発展的に導入されると言えよう。また、総合的な学習の時間に学んだキャンプなどの自然体験、ボランティア活動などの社会体験、ものづくりや生産活動などの体験は、そのまま特別活動の場で生かすことができる。

右のそれぞれの場合について、あの逆方向の援助にも同時に言及することができる。しかし、それは分かり切ったことだから、もはや述べる必要はなかろう。それよりも、それらの場合とは異なった面から、「特別活動の教科指導や総合的な学習の時間の指導への援助」について付言しておこう。すなわち、特別活動における望ましい集団活動を通して育まれた自主的・実践的態度や協力し助け合って問題を解決する態度は、各教科や総合的な学習の時間の指導にも役立てることができるということである。また、さまざまな集団生活によって体験的に育まれた「望ましい人間関係」も、よい教科指導や総合的な学習の時間の指導にとって不可欠な基本的前提であると言える。

第四節　道徳教育及び道徳科と生徒指導の相互関係

これまで第二節と第三節において述べたことを一言で表わせば、「生徒指導と道徳教育の全体構造」と言える。あるいは「全体構造としての生徒指導と道徳教育」と言ってもよい。ここで、このことを図示してみよう。

AとB（B´を含む）の相互関係については第二節の1で、AとCのそれについてはその2で述べた通りである。そうして、いわば三角形ABCが、生徒指導の全体構造を形成していると言える。これに対して、いわば三角形A´（A″を含む）BCは、道徳教育の全体構造を形づくっていると言える。A´とBの相互関係については第三節の1で、A´とCのそれについてはその2で、BとCのそれについてはその3で述べた通りである。

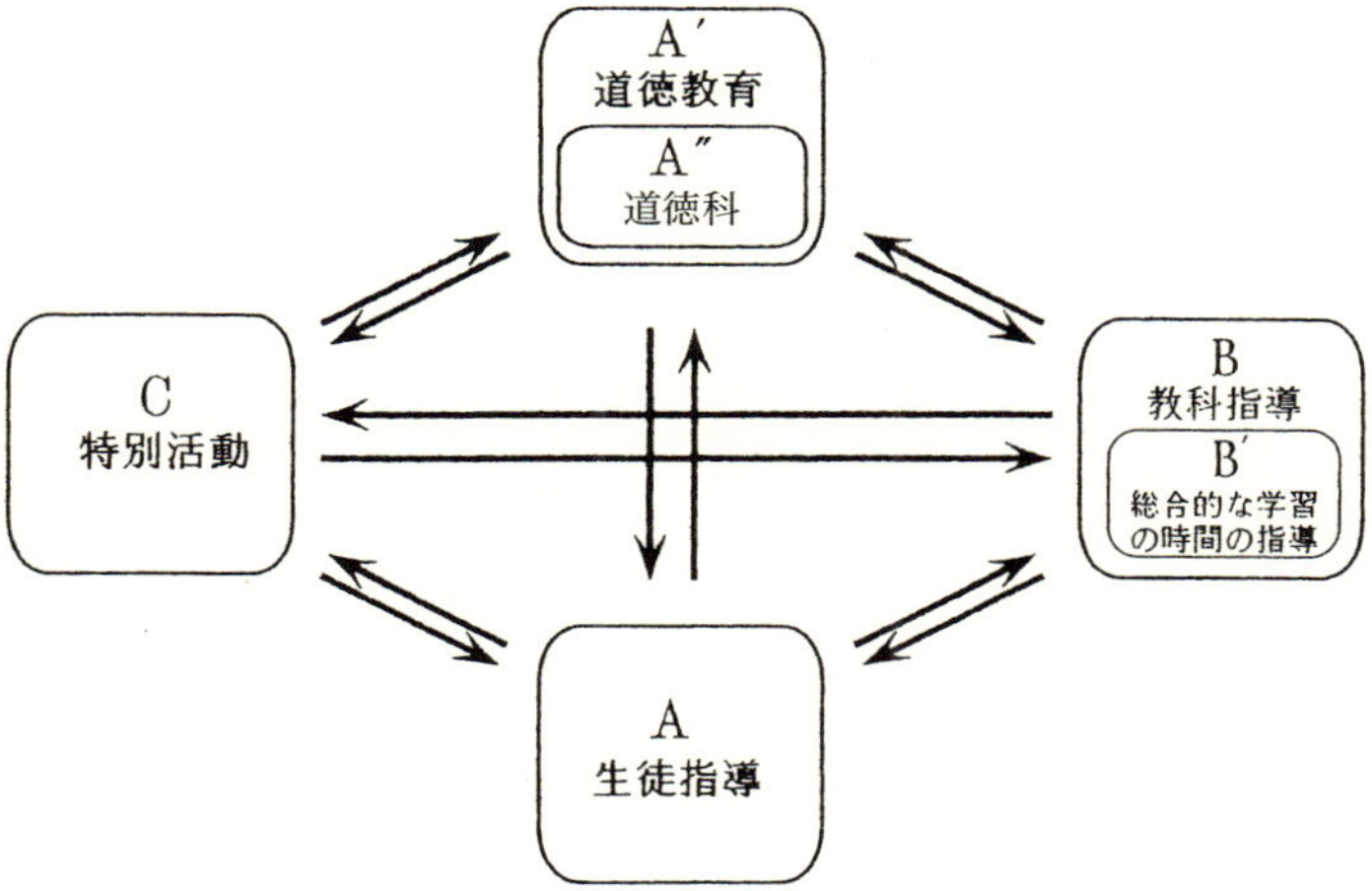

図　生徒指導と道徳教育の全体構造

以上を踏まえ、以上の発展としてこれから明らかにしたいことは、まずAとA′の相互関係であり、次にAとA″のそれである。

1　道徳教育と生徒指導の相互援助

まず、「道徳教育への生徒指導の援助」、あるいは「道徳教育の基礎としての生徒指導」から考えてみよう。基本的生活習慣や日常生活についての指導が徹底し、子どもが望ましい生活習慣と態度を身につけることができるならば、これは道徳的な価値観の形成と道徳性の育成という道徳教育のねらいを下から、あるいは基底から助けることになる。もしこうした基礎がなかったならば、道徳教育は砂上の楼閣となろう。いじめたり非行にかかわっている子どもたちのほとんどすべてが、基本的な生活習慣が身についておらず、そのため自立能力の基礎に欠けると言われている。それゆえに、道徳性の基礎も欠けていることになる。

望ましい習慣形成は、反復練習によるほかない。それは、子どもの実際生活に即しながら、具体的な指導を忍耐強く継続的に積み重ね、しかも一貫した原理に基づいて行わなくては効果が上がらないであろう。また、あらゆる場と機会を捉えて行う必要があろう。そうした指導を各学校は総合的・全体的に展開していかなくてはならぬが、その中心になるもの、言わば総合的結節点が生徒指導ではなかろうか。

ところで、カウンセリングによる「適応指導」もまた、道徳教育の基礎としてきわめて重要である。道徳性の発達には何よりも精神的・心理的安定が必要であり、特に情緒や感情の安定が不可欠である。それゆえに、道徳教育の効果を上げるためには、子どもたちの内なる感情の動きをよく理解し、適切な指導をしながら、その安定と均衡を図らなくてはならない。このようにして、自己指導能力の心理的基盤をつくってやらなくてはならない。つまり、カウンセリングによる適応指導は、いわば道徳教育の基礎工事を担当するのである。

もちろん、生徒指導の仕事は、浅い意味での習慣形成と適応指導だけではない。さらに、いっそう主体的な「生き方の指導」「健全な調和的人格の発達援助」「社会的自己実現の援助」なども、生徒指導に属する。すでに見たように、これらは道徳教育と重なり合っているところも多い。また、これらの仕事が成果を上げるためには、生徒指導は教科指導や総合的な学習の時間の指導と特別活動からの援助を受けなくてはならない。さらに、以下、明らかになるであろうように、道徳教育とそのかなめである道徳科からの援助も不可欠であろう。こうした意味における生徒指導は、決して狭く浅く単純ではない。それゆえに、これはただ単に生活習慣の形成と適応指導の問題だけに限定されるべきではない。しかし、先には、生徒指導自身においても最も基底的な層であり、同時に道徳教育を支える最も基礎的な基盤について述べたのである。

それでは次に、「道徳教育の生徒指導への援助」へと論を進めよう。とかく生徒指導は、近くて狭い生活圏の指導にとどまりがちであるが、これを道徳教育からの援助によって、子どもの発達段階に即して次第に遠くて広い範囲の指導へと拡大・発展させなくてはならない。ややもすれば生徒指導は、日常卑近で狭いもの、また浅くて単純なものになりがちであるから、道徳教育はこの面を補完し、深化し、さらに生徒指導の散漫で非組織的な面を統合し、体系化する必要がある。

もちろん、近くて狭い範囲の生活とその指導こそが、あらゆる教育の基礎と出発であり、最も重要であるという点には、何びとも異論はなかろう。しかし、それだけでは不十分である。何故ならば、第三節の2でも触れた「応用能力」が、十分には育成できないからである。生徒指導で学んだことは、道徳教育の助けを得てこそ、子どもの「内面に根ざした道徳性」にまで深まり、また普遍的・一般的なものへと拡大・発展していき、その結果生涯のさまざまに異なった生活場面でも賢明に応用することのできる真の力にまでなりうると言えよう。この力は、状況のいかんによらず、いかなる環境にも主体的に適応して人生を真に賢明に生き抜く能力ではなかろうか。単なる「生き方の指導」ではなく、言葉の最も深く厳密な意味における「人間としての生き方の指導」としての生徒指導は、そうした能力の育成を目標にすべきではなかろうか。その育成は、ある程度教科指導にも助けられるが、何といっても教科指導とも密接に関連するものとしての道徳教育の貢献によってこそ為し遂げられうるのである。

具体的な例で考えてみよう。すでに見たように、「日常生活における基本的な生活習慣の形成」は、生徒指導の問題でもあるが、同時に道徳教育の問題でもある。しかし、それぞれのねらいと方法は、まったく同じではなく、互いに重なり合いながらも異なったところがある。例えば、「時間を守ることの指導」について言えば、道徳教育は、子どもたちがいま、ここで、つまりその都度の彼らの学校あるいは学級生活で時間を守ることができるようにさせることのみをねらっているのではない。さらに、時と所がまったく変わっても、必要な場合には常に守ることができるようにさせようとする。しかも、そのことの意義と価値がよく分かって、子どもなりに「時間を守ることの意味」を真に知ることができるところまで指導しようとするのではなかろうか。

2　道徳科と生徒指導の相互援助

本節の1に述べたことは、基本的にはこの2についても共通して言えることである。というのは道徳科の指導は、当然のことながら、道徳科のなかに含まれるからである。しかしまた、道徳科には、固有な意義と特質もある。以下このような視点から、道徳科と生徒指導の相互関係について見ていきたい。

まず、「道徳科への生徒指導の援助」から考えてみよう。後者は前者の基盤であるから、道徳科における指導の根底には、生徒指導の考え方がしっかりと保持されていなくてはならない。道徳教育における総合的結節点としての道徳科の指導は、「学級担任の教師が行うことを原則とする」と考えられているのも、一つは生徒指導による基礎を重視するためであろう。

生徒指導の道徳科への援助とは、生徒指導による道徳科の補完をも意味すると考えてよい。道徳科の指導によっては、道徳的な実践や行為そのものの指導をすることはまずできない。道徳の授業は、教室という限られた場で展開されるので、具体的なそのままの状況における行為の指導をすることはできず、椅子に腰をかけたままの学習になってしまう。

こうした狭義の直接的な道徳教育の限界を補充するものは、広義の間接的な道徳教育でもあるが、生徒指導でもある。生徒指導においては、しばしば実際の具体的な道徳的実践や行為そのものの指導が行われるし、指導の即効性についてもかなりの期待ができるのである。指導の即効性も期待できるような道徳的実践や行為そのものの指導が、日々の生徒指導を通して行われることを前提としてこそ、道徳科の特質が十分に生かされうるのである。

生徒指導からの援助としては、「道徳の授業への資料提供」もある。生徒指導で問題になったことを道徳科の導入に使ったり、また子どもの理解と指導によって得られた資料から、道徳的な感じ方や考え方の個人的な違いなどが分かり、画一的な指導を防ぎ、一人ひとりの個性を大切にした指導ができる。さらに、学級の生活条件の整備や学級の望ましい人間関係の育成と「温かい雰囲気づくり」なども、道徳の授業を助けるのである。

なお、道徳性の発達との関連で見るならば、発達段階の初期であればあるほど、生徒指導と道徳科とが互いに密接に関連し、融合しているのではなかろうか。また、道徳科の基礎としての生徒指導の層は、きわめて厚いのではなかろうか。子どもの年齢が低い場合には、「道徳的価値の一般化」が困難であり、生活のなかの具体的なものから学ぶことが中心になるから、道徳科はかなり「生徒指導的なもの」にならざるをえないし、むしろそうすることが望ましいと思われる。しかし反対に、子どもの年齢が高くなればなるほど、道徳的価値の一般化が容易になり、一般的・原理的なものからも学ぶことができるようになるし、また学ぶ必要性も高まってくる。それゆえに、道徳科の積極的意義と特質が、より明瞭になってくると言えよう。

それでは次に、「道徳科の生徒指導への援助」について考えてみよう。道徳科は生徒指導における道徳教育を補充、深化、統合すべきである、と筆者は考える。すなわち、生徒指導では、道徳的実践や行為の指導にウエートが置かれ、道徳的価値の知的理解と認識に関する指導は必ずしも十分ではなく、この点を道徳科によって補充する必要がある。特に子どもの発達段階が高くなればなるほど、そうである。何故ならば、単に、「実践と行為」から「理論と思考」への方向のみならず、逆に「理論と思考」から「実践と行為」へという方向もますます可能になるからである。次に、深化についてであるが、本節の1でも触れたように、ややもすれば生徒指導は浅いものになりがちであるから、道徳教育、なかんずく道徳科の道徳教育はこの面を深く掘り下げていかなくてはならない。さらに、道徳教育のかなめとしての道徳科は、もし生徒指導にいろいろ散漫で非組織的なところがあるとすれば、一定の道徳的価値についての長期にわたる「計画的、発展的な指導」によって、それらをつながりのあるものへと統合し体系化しなくてはならないであろう。もちろん、本章の最初に述べたように、生徒指導も統合的活動であるが、いわば「生活論的立場」から見てそうなのであろう。これに対して、道徳科は「価値論的立場」から諸価値を統合すべきではなかろうか。

参考文献

教師養成研究会『道徳教育の研究』(改訂版)学芸図書、二〇〇八年。
村田昇編著『道徳教育論』(新版)現代の教育学②、ミネルヴァ書房、一九九〇年。

シュプランガー、村田昇・山邊光宏共訳『教育学的展望――現代の教育問題』東信堂、一九九三年。

シュプランガー、村田昇・山邊光宏共訳『人間としての生き方を求めて――人間生活と心の教育』東信堂、一九九六年。

文部省『生徒指導の手引』(改訂版)大蔵省印刷局、一九九四年。

文部科学省『児童の理解と指導』(小学校生徒指導資料1)、財務省印刷局、二〇〇一年。

文部科学省『生徒指導提要』教育図書、二〇一〇年。

文部科学省『小学校(中学校)学習指導要領』東京書籍(中学校は東山書房)、二〇〇八年(二〇一五年三月一部改正)。

第七章　道徳教育の計画

はじめに

すでに見た「道徳教育の全体構造」（第五章）と「生徒指導と道徳教育」（第六章）の考え方を踏まえ、それに基づいて、以下のような一連の計画を立てるのである。その計画には、「道徳教育の全体計画」「道徳科の年間指導計画」「学級における指導計画」「道徳学習指導案」という大きく四つのものがある。だから、最初の「道徳教育の全体構造」などをも含めるならば、五つの種類と段階があると言ってよい。各々のステップを順序正しく踏み、その結果、一連の計画が、まるで順番通りに積み重ねられたひと組の跳び箱のような形になることが求められる。計画の順序が、逆ではいけない。それは、跳び箱を逆に積んだようなものであろう。あるいは、もっぱら最後の段階としての「指導案」の作成にのみ熱心で、そこにのみ関心が集中するのは、例えて言えば、木を見て森を見ないようなものであろう。

従って、「道徳教育の全体構造」を踏まえ、これに基づいて「全体計画」を作成し、次に「全体計画」を踏まえ、これに基づいて「年間指導計画」を作成する。さらに、これら二つを踏まえ、これらに基づいて「学級における指導計画」を立てる。最後に、この「指導計画」と「年間指導計画」とに基づいて「指導案」を作成する、という順序で進められるべきである。

子どもたちの道徳性の発達に応じて継続的に適切な指導をするために、また種々の機会に複数の教師によってなされるさまざまな指導における相互の連絡を密にし、これによって指導のための適切な機会をのがさぬようにし、かつ指導に一貫性を持たせるために、周到な諸計画が求められるのである。

第一節　道徳教育の全体計画

1　全体計画の意義

『小(中)学校学習指導要領』(以下、小学校と中学校が同じ場合には、単に『指導要領』とする)における「第一章総則」の「第一」には、「学校における道徳教育は、特別の教科である道徳(以下「道徳科」という。)を要として学校の教育活動全体を通じて行うものであり、道徳科はもとより、各教科、外国語活動(小学校のみ、以下同様)、総合的な学習の時間及び特別活動のそれぞれの特質に応じて、児童(生徒)の発達の段階を考慮して、適切な指導を行わなければならない」と記してあり、これこそ基本的には戦後の道徳教育を一貫する基本方針であり、道徳教育の憲法のようなものである、と筆者は考える。

こうした「全面主義道徳教育」の原則を踏まえて、『指導要領』における「第一章総則」の「第四」には、全体計画の作成について、「道徳教育の全体計画の作成に当たっては、児童(生徒)、学校及び地域の実態を考慮して、学校の道徳教育の重点目標を設定するとともに、道徳科の指導方針、第三章特別の教科道徳の第二に示す内容との関連を踏まえた各教科、外国語活動、総合的な学習の時間及び特別活動における指導の内容及び時期並びに家庭や地域社会との連携の方法を示すこと」と記してある。

こうしてみると、結局、あの「道徳教育の全体構造」の各学校版が、「道徳教育の全体計画」であると言ってよい。もし前者が、一般的で抽象的なものだとすれば、後者は、ある特定の学校における個性的で具体的なものである。このような全体計画こそが、ある学校の教育活動全体を通しての、また学校全体における道徳教育を実際に効果的に推進するための基盤となるのである。

2　全体計画の作成

(1) 全体計画作成の手順

まず第一に、各学校の特色を生かして「学校における道徳教育の重点目標」を設定すべきである。道徳教育の一般的、全国的な目標は『指導要領』に明示されているが、各学校ではそれに基づいて、学校の実態に即して道徳教育の重点目標を設定するのである。その際特に、「学校の教育目標」を確認し、それとの密接な関連づけにおいて道徳教育の重点目標を設定することが大切である。学校の教育目標を達成するための道徳教育の果たす役割を検討するなかで、道徳教育の重点目標を明らかにしていくのである。

その次に、「各学年の重点目標」、あるいは「各学年ごとの指導の重点」を設定する。これは、全校的な道徳教育の重点目標に基づいてそれをいっそう具体化し、各学年段階や子どもの道徳性の発達段階に応じて、適切かつ効果的に指導を行うために設定するのである。各学年ごとの指導の重点は、「道徳科の年間指導計画」を作成する際に直接の基礎となるものであり、それだけに『指導要領』の「内容」との明瞭な関連づけが求められる。

進んで、各教科、外国語活動、総合的な学習の時間、特別活動などから、生徒指導や日常生活における基本的生活習慣の指導に至るまでの、学校における各種の教育活動が、道徳教育から見てそれぞれどのような役割を果たすのか、相互にどのようにつながり合っているのか、またそれらと道徳科の指導との関連はどうなのか、これらについて明らかにするのである。この場合も、『指導要領』の「内容」との関連づけが欠かせない。

さらに、学校と各学級の生徒指導や日常生活における指導とも関連づけながら、学校と各学級の実態に即して、人的・物的両面から環境の改善や整備の具体的な方針と方法を示す必要がある。

最後に、家庭や地域社会との連携と協力についても、具体的な方針と方法を示すことが求められる。

(2) 全体計画作成上の留意事項

全体計画の作成に際しては、特に以下の点に留意しながら作業を進めることが大切である。

まず、最も大切なことは、校長の方針の下に道徳教育推進教師を中心として全教師の参加と協力のもとに作成することである。人間形成を目指す学校の道徳教育は、学校の教育活動全体を通じて行われるが、これは、学校の全教師が道徳教育を行うことを意味する。だから、全体計画は、校長の方針の下に道徳教育推進教師を中心として全教師の参加と協力のもとに作成されるべきである。「全教職員の話し合いを通して作成するその過程こそが、教職員間における道徳教育の実践であると言えよう」(押谷由夫「道徳教育の場面Ⅲ――学校」小笠原道雄編著『道徳教育原論』福村出版、一九九一年、一六〇頁)。同時に、その過程は「教師自身における道徳の実践」でもある、と筆者は考える。そうした意味で、全体計画は、何よりもまず作成過程そのものに意義がある。全体計画の作成過程は、全教職員のチームワークの過程であり、全校あげての協力体制のバロメーターであろう。教師以外のあらゆる職員の協力も、必要である。

次に、子どもと保護者、及び地域の人たちの願いや意見をできるだけ全体計画に反映させ、さらに近接の幼稚園、小・中学校などとの連携と協力についても予定に入れておくことである。全体計画が実際に実を結ぶためには、子どもと保護者、及び地域の人たちの理解と協力が不可欠である。学校側からの一方的な働きかけばかりでなく、地域のあらゆる関係者の願いや意見にも謙虚に耳を傾け、それらを計画に反映させ、適宜に指導にいかす柔軟な姿勢が求められる。

目をさらに広げてみれば、同じ地域社会のなかに在る複数の幼稚園や複数の小・中学校の間においても、地域に根ざした一貫した考え方に基づいて人間形成としての道徳教育が展開されることが望ましい。そのためには、各校区を越えての教師間の交流、子どもたちどうしの交流、また保護者間の交流、さらにそれら三者間の相互交流を促進するような諸教育活動が必要である。また、時には合同の研修会などを持ち、そこで地域の人たちの願いや意見を知ることもできるだろう。それらこそ、「郷土づくり」の最良の策ではなかろうか。しかも、よき郷土をつくることに成功すれば、逆に郷土そのものが、そこに生活するすべての人々に対しておのずとすばらしい人間形成を行うことになるであろう。全体計画の立案に際しては、そうしたことも頭に置いておくべきである。

なお、『指導要領』の「第一章総則」の「第四」には、「集団宿泊活動（中学校は、職場体験活動）やボランティア活動、自然体験活動、地域の行事への参加などの豊かな体験を充実すること」とある。こうした豊かな体験を通しての子どもの内面に根ざした道徳性の育成が求められている。豊かな体験による「道徳的価値の内面的自覚」（村田昇）を図りたいものである。そのためには、学校の生徒指導や特別活動等においてすばらしい体験の機会を子どもたちといっしょにつくり出す工夫を重ねると共に、右のように学校が家庭や地域社会と密接な連携を図ることによって、子どもたちの豊かな体験の場をさらに拡大してやるべきであろう。

しかし、体験だけでは十分でない。道徳教育のかなめとしての「道徳科」では、体験が内面化され、真の道徳性にまで深化され高められるよう計画されなくてはならない。

もう一つあげるならば、計画の実施及び評価・改善のための研修体制の確立である。全体計画は、学校における道徳教育の最も基底的なものを示すものであるから、いったん決めたからにはめったに変更すべきではない。変えなくてもよいように、あらかじめ、できるだけ実行可能で弾力的なものにしておくのがよい。しかしそれにもかかわらず、計画を実施していくなかで評価し、やむをえず改善の必要が生じた場合には、ただちにそれに着手できる体制を整えておきたい。全校あげての一貫性のある道徳教育を推進するためにも、校内の研修体制を充実させて、全体計画のその都度の具体的な実施方法の詳細、及びその改善や変更にかかわる共通理解を図らなくてはならない。こうしたことは、次の道徳科の年間指導計画についても、言えることである。

第二節　道徳科の年間指導計画

1　年間指導計画の意義

道徳科の年間指導計画について、『道徳編』では、次のように説明している。まず、「年間指導計画は、道徳科の指導が、道徳教育の全体計画に基づき、(中学校、各教科等の年間指導計画との関連をもちながら)児童(生徒)の発達の段階に即して計画的、発展的に行われるように組織された全学年にわたる年間の指導計画である」と定義し、続いて、これは「具体的には、道徳科において指導しようとする内容について、児童(生徒)の実態や多様な指導方法等を考慮して、学年段階に応じた(中学校、ごとに)主題を構成し、この主題を年間にわたって適切に位置付け、配列し、学習指導過程等を示すなど授業を円滑に行うことができるようにするのである」と述べている。

このような年間指導計画は、個々の学級において各々の道徳科の指導に際して、より具体的かつ詳細に立案されるものとしての「道徳科の学習指導案」のよりどころとなる。従って、もし道徳科の年間指導計画がなかったならば、道徳科の指導は、学級担任の教師の主観的かつ恣意的な指導に傾いてしまい、その結果「各教科、外国語活動、総合的な学習の時間及び特別活動における道徳教育と密接な関連を図りながら、計画的、発展的な指導」を行うことがきわめてむずかしくなるであろう。道徳科の指導が、もしあらかじめの計画も打ち合せもなく各学級担任の教師に任せられっきりで、各教師がそれぞれ主観的な考え方で選択した道徳的価値を、各自で適当な時に適当な方法で指導するというようなことでは、思わぬかたよりと間違いが生ずるであろう。また、学級としても、学年としても、まして学校全体としても、一貫性を欠いた指導となってしまうであろう。望ましい道徳科の指導にするためには、どのような道徳的価値を、いつ、どのような資料を使って、どのような方法で指導するかということが、あらかじめ道徳教育推進教師を中心とした多くの教師によって吟味され計画されなくてはならぬ。しかし、単に一年間だけでなく、二年間、さらに小学校六年間、中学校三年間を通して一定の道徳的価値をどのように指導していくかが明らかにされていなかったならば、真に一貫性のある指導は望まれえないのである（村田昇編著『道徳教育論（新版）』ミネルヴァ書房、一九九〇年、一三七～一三八頁参照）。

なるほど、年間指導計画は、学年別の一年間の計画ではあるが、しかし各学年間における年間指導計画の一貫性なり整合性が求められる。そのためにも、一校に一つを原則とし、基本的なところは年度ごとにあまり変わらない、そのような「全体計画」を踏まえた年間指導計画でなくてはならない。また、道徳科の役割が、学校の教育活動全体を通じて行われる道徳教育との密接な関連のもとに、それを「補充し、深化し、関連づけ発展させ統合する」ことである点から見ても、道徳科の年間指導計画は、道徳教育の全体計画と密接に関連していなくてはならぬ。もし年間指導計画がなかったとしたら、道徳科の指導は、全教育活動による道徳教育を補充し、深化し、関連づけ発展させ統合することがきわめて難しくなるであろう。

2　年間指導計画の内容と作成

(1)　年間指導計画の内容

年間指導計画も、各々の学校においてできるだけ主体性を発揮して独自に作成するものであるから、一定の画一的な内容や形式があるわけではない。とはいえ、右に考察したような意義を念頭に置き、『道徳編』に示されている諸内容を中心にして作成することが望ましい。同書には、ほぼ次のような事項があげてある（筆者によって多少の加除を施した）。

① 各学年の基本方針――全体計画に示されている道徳教育の目標に基づき、道徳科における指導について、学年ごとの基本方針を具体的に示す。

② 各学年の年間にわたる指導の概要

㋐指導の時期　学年ごとの実施予定の時期を記載する。㋑主題名　ねらいと教材で構成した主題を、授業の内容が概観できるように端的に表したものを記述する。㋒ねらい　道徳科の内容項目を基に、ねらいとする道徳的価値や道徳性の様相を端的に表したものを記述する。㋓教材　教科用図書やその他、授業で用いる副読本等の中から、指導で用いる題名を記述する。その出典等も併記する。㋔主題構成の理由――ねらいを達成するために教材を選定した理由を簡潔に示す。㋕学習指導過程と指導の方法――ねらいを踏まえて、教材をどのように活用し、どのような学習指導過程や指導方法で学習を進めるのかについて簡潔に示す。㋖他の教育活動等における道徳教育との関連――他の教育活動において授業で取り上げる道徳的価値に関わってどのような指導が行われるのか、日常の学級経営においてどのような配慮がなされるのかなどを示す。㋗その他――例えば校長や教頭などの参加、他の教師の協力的な指導の計画、保護者や地域の人々の参加・協力の計画、複数の時間取り上げる内容項目の場合は、その全体の構想などを示す。

(2) 年間指導計画作成の手順

年間指導計画の作成については、おおよそ右の内容に即して、ほぼ次のような手順で進めるべきであろう。

Ａ　まず第一に、道徳教育の全体計画に基づき、道徳科の指導について「各学年の基本方針」（右の①）を明確にすることである。この「各学年の基本方針」は、学校における道徳教育の全体計画と「年間にわたる指導の概要」（右の②）とをつなぐものと考えられ、全体計画と年間指導計画との関連、六年間または三年間の主題の系統、道徳科の位置づけなどを示すものである。この「各学年の基本方針」が明確にされなければ、「各学年の年間にわたる指導の概要」のところの作成根拠もはっきりせず、道徳科における指導のあり方の基本も定まってこない。

ⓐ　最初に、「各学年の基本方針」には、先の「年間指導計画の意義」を踏まえて、この計画が全教育活動における道徳教育の補充、深化、統合等々のために不可欠であることを明記しておく。

ⓑ　次に、全体計画に定められている前述のあの「道徳教育の重点目標」をここで再確認し、道徳科の指導によってどのようにその目標を達成していくかを明記しておく。

ⓒ　それとの関連で、前述のあの「各学年の重点目標」をも再確認する。やはり全体計画に定められているその目標こそ、年間指導計画の作成に際しての直接の基礎となるものであった。年間指導計画における各学年の重点目標は、全体計画におけるそれを踏まえながら、さらに「各学年の基本方針」の最も明瞭かつ具体的な表現となるべきものであり、各学年における一年間の道徳科の指導によって、どのようにその目標を達成していくことができるかをより具体的に明記しておく必要がある。こうした学年の重点目標によって、『指導要領』のどの「内容」を重点的に、どの「内容」を関連的に指導していくかが決まり、これに従って一年間にわたる道徳科の主題構成を決めていくことになる。このような計画によってこそ、道徳科における指導の「重点化」と「構造化」が行われうるであろう。

Ｂ　次の段階では、「各学年の年間にわたる指導の概要」を明確にしていく。これは、主として「主題を設定し、配列する」ことを意味する。その手順のおおよそは、次の通りである。

ⓐ　まず、主題名と指導のねらいを示し、両者に適した教材を選定する。主題名は、『指導要領』の各「内容」とはっきり結びつくものにする。そして、授業内容が、子どもにも教師にも分かる表現にするのがよい。指導のねらいについては、主として道徳的判断力を高めることに重点を置くのか、道徳的心情を豊かにすることに重点を置くのか、それとも道徳的実践意欲と態度の向上をねらうのかを明確にし、指導の焦点化を図ることが望ましい。主題名と指導のねらいが定まったら、次はそれらにふさわしい教材を選定する。教材名とその出典などを明記しておく。補助教材や予備教材も、分かる範囲であげておきたい。

ⓑ　次に、主題設定の理由、あるいは観点を明確に示す。子どもの実態と関連づけながら、ねらいの設定と教材の選定についての理由を述べ、さらに授業をどのように展開するかまで構想することであり、「指導案」作成の直接の基礎としてきわめて大切である。

ⓒ　進んで、学習指導過程と指導の方法などを簡潔に示す。授業の主な流れを記述する。基本的かつ包括的な発問を三つか四つ用意しておくのが一般的で、指導上の留意点を加えることもある。

ⓓ　以上を総合する形で、指導の時期を決定し、主題を年間にわたって配列する。主題相互の系統的・発展的な関連については、「内容別主題配列表」や「月別主題配列表」といった一覧表で示すのが便利であろう。一学年、あるいは必要に応じてすべての学年にわたる主題相互の系統性や発展性を明らかにすることによって、道徳科の年間指導計画の作成に際して特に留意すべき「重点化」と「構造化」が一見して分かるようにしておくことが望ましい。

C　最後に、各教科、外国語活動、及び総合的な学習の時間、特別活動などにおける道徳教育との関連を示す。年間にわたる道徳科の指導が、各教科、外国語活動、総合的な学習の時間、特別活動などとどのようにつながるのかを探り、主な関連を幾つかあげておく。この場合も、年間指導計画は、全体計画に基づき、かつそれとの密接不可分な形で立案されなくてはならない。

⑶　年間指導計画作成上の留意事項

年間指導計画の作成に当たって、特に留意すべきことは、次の通りであろう。

A　まず、内容の重点的指導、あるいは指導の重点化を図ることである。『指導要領』に示されている道徳の「内容項目」のすべてを、年間三五時間（小学校第一学年のみ三四時間）の道徳科で指導することになっている。しかし、道徳科の授業の平板化は何としても避けなくてはならず、逆に重点化と構造化こそが大切である。すなわち、『小学校指導要領』（文意は中学校も同じ）にも記してあるように、「道徳科の年間指導計画の作成に当たっては、……児童（生徒）や学校の実態に応じ、二学年間（中学校、三学年間）を見通した重点的な指導や内容項目間の関連を密にした指導、一つの内容項目を複数の時間で扱う指導を取り入れるなどの工夫を行うこと」が大切である。

それらの内容は、道徳科で指導されるべき内容であると共に、全教育活動を通して行われる道徳教育の内容でもある。先に見た「重点目標」との関連で重点内容を決めていき、この重点内容をどこでどの程度指導するのが、最も効果的であるかを検討する。一般的には、重点内容は道徳科において複数時間の扱いとするものである。しかし、重点内容であっても、総合的な学習の時間や特別活動のなかで実践と体験を通して身につけさせる方が効果的なものもあろう。あるいは、各教科の指導を通して理論的に理解させる方が望ましいものもあろう。このような他の領域との関連を考慮した場合には、道徳科による指導は、たとえ一主題で一時間だけであってもよいと言えよう。重点内容であっても、それらの指導のすべてを道徳科に背負わすのはよくない。まして、第二次的・三次的な内容についてはなおさらであろう。

B　次に、内容項目相互の関連的、発展的指導を計画することである。いろいろな内容項目のいくつかを相互に関連づけて指導することも必要である。また、小学校六年間、中学校三年間を見通して、子どもの道徳性の発達段階に即すると共に、系統的に積み上げながら発展的な指導が行えるように計画することも大切である。

C　さらに、年間指導計画の弾力的運用とその改善を図ることである。年間指導計画は、全教師の参加と協力によって作成されたものであり、いったん決定したからにはめったに変更すべきではない。変更しなくてもよいように、あらかじめできるだけ実行可能なものにしておくべきである。それが、よい計画というものではなかろうか。しかし、計画を実施していくなかで予想できなかった子どもの反応や子どもを取り巻く諸状況の意外な変化などのために、真にやむをえず改善せざるをえなくなった場合には、ただちにそれに着手すべきであろう。その際、少なくとも同学年の全教師による検討を経る必要がある。

年間指導計画の弾力的運用と改善が求められるのは、次のような場合であろう。

ⓐ　子どもの実態の変化や予測できなかった反応に対応するとか、あるいは子どもの身近に突発的に起こってくる道徳上の問題に対処するために、指導の「時期や時数の変更」もやむをえなくなることもあろう。

ⓑ　年間指導計画に予定されている主題の「ねらいの変更」も、時には必要であろう。実際に指導するなかで、予定のねらいが抽象的すぎるとか、子どもの発達段階や学級の実態などからみて明らかにずれがあるとかが分かったり、あるいはねらいをいっそう焦点化すべきであると考えられたりする場合には、ねらいの修正もしなければならない。ただ、修正がすぎて、年間指導計画の全体構想がくずれるようなことになってはいけない。

ⓒ　次に、「教材の変更」についてであるが、教材はねらいを達成するためにもきわめて大切なものであり、安易な変更はすべきでない。学級の実態や諸状況の変化からみて、教材の変更によって指導の効果がいっそう期待できると判断される場合にのみ、少なくとも同学年の他の教師や道徳教育推進教師との協議の上で、校長の了解を得て差し替えをすることは認められる。

ⓓ　「指導過程や指導方法の変更」も、起こりうるであろう。年間指導計画には、それらの基本的原則などについての全教師による共通理解と相互の確認が明記されている。しかし、より詳細なことは、子どもを指導していくなかで、子どもや学級の実態などに応じて適宜に補完し決定していくのが現実に合っているのではなかろうか。指導方法を日々新たにその都度工夫し開発する姿勢も、大切である。もしそれらが、年間指導計画そのものの変更にかかわる場合には、少なくとも同学年の全教師や道徳教育推進教師と話し合うことが望ましい。

第三節　学級における指導計画

1　学級における指導計画の意義

人間形成としての道徳教育の全体計画と道徳科の年間指導計画は、全教師の参加と協力のもとに作成されるが、それらが各学級において実践されなければ、計画は生きたものにはならない。それらが実践される主要な場と基盤は、何と言っても、個々の学級である。従って、学校の道徳教育を実際に効果的に行い、その目的を達成するためには、学級における指導の充実が不可欠な前提である。学級担任の教師（あるいはそれに代わる者、以下同様）は、まず全体計画に、次いで年間指導計画に基づいて、学級段階での指導をどのように行うかを具体的に計画することが求められている。

「学級における指導計画」とは、全体計画と年間指導計画を学級担任の教師が、子どもや学級の実態に応じて、より現実に合うものとして具体化したものであり、学級において教師の個性を生かした道徳教育を展開する指針となるものである。

2 学級における指導計画作成の手順

学級における指導計画の作成は、ほぼ次のような手順で進めるのが望ましいであろう。

まず第一に、学級の子どもの「道徳性の実態を」把握し、これと全体計画とを踏まえて目指すべき学級の姿や子ども像を明らかにし、学級における道徳教育の基本方針を定めなくてはならない。そうして、それらと『指導要領』における道徳の「目標」及び「内容」との関連を明確にする。

次に、そのような学級における道徳教育の基本方針を、生徒指導、各教科、外国語活動、総合的な学習の時間、特別活動などの基本方針と関連づける。生徒指導の基本の一つは、「教師と児童（生徒）の信頼関係及び児童（生徒）相互の好ましい人間関係を育てるとともに児童（生徒）理解を深める」（『指導要領』の「総則」）ことである。例えばこうしたことを、学級における生徒指導と学級経営との基本方針として設定し、これを学級における道徳教育の基本方針と関連づけて指導しなければ、実際に道徳教育の効果をあげることはできないであろう。

次に、「道徳的行為に関する体験的な学習を適切に取り入れる」（『指導要領』第三章第三の二）ための学級における計画を立てる。子どもの希望や学級担任の教師の個性を生かして、学級活動や朝と帰りの学級の時間に奉仕活動や級友の誕生日を祝う三分間スピーチを行うなどという、「豊かな体験を充実すること」（『指導要領』第一章第四の三）の計画を立てる必要がある。その際特に、総合的な学習の時間や特別活動との関連づけが求められる。すなわち、ボランティア活動や自然体験活動などと結びつけて計画することが大切である。

進んで、学級における「教育環境の整備計画」を立てる。まず、学級を道徳的・人間的な環境にしていくことが大切。これは、子どもの心をおのずと豊かに美しく育み、子どもがおのずと道徳性を身につけていけるような学級の空気なり、雰囲気のことである。このような教育的雰囲気を生み出し高めるものは、何と言っても、教師と子ども、及び子ども相互の好ましい人間関係である。他に、掲示や美的環境の整備、あるいは音楽環境や図書環境などの充実にも努める必要があろう。「学校や学級内の人間関係や環境を整えるとともに、……いじめの防止や安全の確保等にも資することとなるよう留意すること」(『指導要領』第一章第四の三)が大切である。

さらに、日常生活における「基本的な生活習慣に関する指導計画」を立てることである。この面は、生徒指導と密接に関連する。基本的な生活習慣は、道徳性の第一の基礎となる最も大切なものであり、これも学級生活を通しての指導があらゆる指導の基盤となる。あれもこれもと欲ばらずに、特に何と何を身につけさせていくかという指導の重点を定めて、計画を立てるのがよい。

最後に、他の学級・学年、及び家庭・地域社会との連携及び授業公開等にかかわる内容と方法を示す。「家庭や地域の人々の協力による開かれた道徳教育の充実」が大切である。学級の計画と指導においては、学級担任教師の個性や独自性が生かされ、十分に発揮されるのが望ましいのではあるが、それがいわゆる「学級王国」を築き、閉鎖的になってしまうようなことではいけない。常に開かれた学級を目指して、他の学級や学年との交流を積極的に行っていきたいものである。さらに、家庭や地域社会との連携についても、学級独自の取り組みが必要ではあるが、全校の問題としても考えていかなくてはならない。

それゆえに、おおよそ学級における道徳教育の計画全体が、全体計画と年間指導計画に基づき、それらとの密接な関連において作成されなくてはならない。全体計画を学級に適用する前に、同学年において共通の指導計画を作成しておき、その方針を受けて学級における指導計画が個性的に立案される必要がある。

第四節 道徳科の指導案と指導方法

1 指導案の意義

一般に指導案とは、学習指導案、授業案、教案とも呼ばれ、教師が授業を行う際に立てる指導計画のことであり、いわば授業のシナリオである。そうして道徳科の指導案(以下「指導案」と呼ぶ)とは、『小学校道徳編』(中学校のそれにも、ほぼ同じ意味のことが述べてある)によれば、「教師が年間指導計画に位置付けられた主題を指導するに当たって、児童や学級の実態に即して、教師自身の創意工夫を生かして作成する指導計画である。具体的には、ねらいを達成するために、道徳科の特質を生かして、何を、どのような順序、方法で指導し、評価し、さらに主題に関連する本時以外の指導にどのように生かすのかなど、学習指導の構想を一定の形式に表現したもの」である。

年間指導計画は、同一の学年を単位とする道徳科の指導計画であるため、各学級で実際に指導する際には、担任教師の個性や学級の子どもの実態などによって指導にさまざまな工夫を加えていくことが求められる。しかも、年間指導計画は、遅くとも年度初めに作成されたものであり、またかなり大まかであって、それぞれの道徳科授業における細かで具体的な指導計画にまではなっていない。それは、各々の授業の時期が近づいた時でないと分からない場合が多いであろう。従って、年間指導計画に基づきながら、それをより詳細かつ具体的にしたものとしての毎時間の指導案の作成が望まれるのである。

なお、年間指導計画は、学級担任などの随意な主観的判断によって安易に変更されるべきではないが、指導案作成が近づいた時に、学級の子どもの実態の変化などのために、やむをえず変更せざるをえなくなる場合もある(本章第二節の2の(3)「年間指導計画の弾力的運用」を参照)。その時には、少なくとも、同学年の教師や道徳教育推進教師などによる検討を経る必要がある。そうして、各学級担任教師などは、変更した理由を記録に残して、その年度及び翌年度以降の年間指導計画の改善に役立てたいものである。

2　指導案の内容と作成

(1)　指導案の内容

指導案の内容としては、一般的には次のような事項があげられよう。

ア　主題名
イ　指導の時期と時間
ウ　主題設定の理由
エ　ねらい
オ　教材
カ　学習指導過程（展開の大要）
　㋐導入　㋑展開　㋒終末　㋓学習活動（主な発問と予想される子どもの反応）　㋔指導上の留意点
キ　他の教育活動などとの関連など

(2)　指導案作成の手順

指導案の作成は、おおよそ右の内容に即して、ほぼ次のような手順で進めるのがよかろう。

まず、主題名であるが、原則として年間指導計画における主題名を記す。主題名は、一般に、指導内容を表しているか、あるいは教材名であるか、あるいはその両方であるかである。

次に、やはり年間指導計画に基づいて、指導の時期と時間について記す。特に一主題に二時間以上を当てて指導しようとする場合には、全時間数を示し、各単位時間における指導が全体としての主題の指導に対して、どのような位置にあるかを明記する。

進んで、主題設定の理由について述べる。主題設定の理由は、年間指導計画の「主題構成の理由」(本章第二節の2の(2)を参照)などに基づきながらも、各学級で何故ある主題での指導を必要とするかに重点を置いて、次の点について記述する。

ⓐ ねらいとする価値——各時間に取り上げる内容項目の持つ価値や、それとの関連で特定の主題を設定した理由及びその主題のねらいに込める学級担任教師の願いなどを述べる。

ⓑ 子どもの実態——ねらいと子どもの発達との関連、子どもの実態からみた問題点の解決に向けてのねらいの必要性、ねらいにかかわる実態調査の結果などを記す。

ⓒ教材——それら二点とのかかわりで、教材を選択した理由は何か、またどのような視点に立ちどのような方法で教材を活用するのかを述べる。なお、別に欄を設けて、教材名を明記するものとする。

さらに、右の主題設定の理由のなかに含まれているねらいと密接にかかわらせながら、あらためて「ねらい」を明記する。これは、原則として、年間指導計画におけるねらいと同じであり、一時間の授業において何を中心にして指導しようとしているのかを明確に述べる。

次に、学習指導過程(展開の大要)を示す。これは、ねらいに含まれる道徳的価値について、児童(生徒)が道徳的価値についての理解を基に、自己を見つめ、物事を多面的・多角的に考え、自己の(人間としての)生き方についての考えを深めることができるようにするための教師の指導と児童(生徒)の学習の手順を示すものである(『指導要領』第三章第一、『道徳編』参照)。一般的には、「導入」「展開」「終末」の三段階に区分し、また「学習活動」(主な発問と予想される子どもの反応)と「指導上の留意点」などで構成することが多い。

最後に、各教科、外国語活動、総合的な学習の時間、特別活動などとの関連、生徒指導、学級経営などとの関連、体験活動、日常生活などとの関連について記す。また、それらと道徳科とを結びつけるための事前の指導と事後の指導について付記する。その他、保護者や地域の人々の参加と協力、校長、教頭、道徳教育推進教師などとの協力体制などについても、必要に応じて記述するのが望ましいと言えよう。

3　指導方法

道徳の授業で一般によく用いられる方法は、話し合い、教師の説話、読み物の活用、視聴覚教材の活用、役割演技などである。授業に際しては、主題やねらい、指導過程や教材の特質、あるいは子どもの実態に応じて、さまざまな方法を比較検討し、最も適切な方法を選択決定しなくてはならない。原則としては、各々の授業において中心的で主要な方法を一つ用いて、他の二〜三の方法を補足的に取り入れるのがよかろう。そうすれば、よりダイナミックで生き生きとした授業になるであろう。毎回ただ一つの方法だけでは、変化や動きがなく、子どもは退屈してしまう。

(1)　話し合い

話すことと聞くことが並行して、意見を出し合い、それをまとめ比較することによって、友達の考え方について理解を深めたり、自分の考え方をより客観的に明確にすることができる。また、主体的、積極的に学習に参加することができるであろう。

しかし、話し合いが話し合いにならず、表面的な発言だけになったり、特定の子どもだけの発言であったりすることもある。そうならないようにするためには、何といっても子どもの多様な感じ方や考え方を引き出すことのできる学級の「雰囲気」(風土)をつくっておくことが大切。日頃からのよい学級集団づくりや学級経営が大切である。

(2) 教師の説話

一定のねらいのもとにあるまとまりをもった内容を、教師が子どもに話して聞かせる指導方法である。教師の人間性や人柄がにじみ出た説話であれば、深い感動を呼び起こし、ねらいの根底にある道徳的価値をより主体的に捉え、人間としての在り方・生き方についての内面的自覚を促し、真の道徳性を育てることができる。

しかし、説話は何と言っても教師自身の人間性にかかっている。だから、教師は謙虚に自己を見つめ、自己を向上させる不断の努力を重ねながら、子どもに説話をしなくては効果はないと言えよう。

なお、長時間連続の説話によって、子どもへの叱責、訓戒、一方的な押し付けにならないよう注意すべきである。

(3) 読み物の活用

子どもが興味を持ち価値がある読み物教材は、子どもに深い感動を呼び起こし、道徳的判断力を高め、道徳的心情を豊かにし、「われ人間としていかに生きるべきか」について自覚させることができる。

活字ばなれの時代だ、とあきらめてしまったらおしまいだ。そうした時代だからこそ、かえって読ませる必要があるのではなかろうか。話したり聞くだけでは十分でない。さらに、読んだり、書いたりしなくてはならない。読んだ内容を簡潔に書いてまとめさせることを通してこそ、真に深く読み取らせることができる。

ただ、道徳科の授業は、国語の長文読解の指導をするのが目的ではないので、読み物教材の程度は当該学年の国語教材よりも一～二学年下げたものが望ましいと言えよう。

(4) 視聴覚教材の活用

視聴覚教材には、テレビやVTR、ラジオや録音テープ、スライド、映画、OHP、写真などがある。これらは、指導内容が画像や音声によって具体的な形で提示できるので、子どもの興味・関心を高め、感覚に訴え、理解を容易にすることができる。さらに、コンピューターの適切な活用などを含めて、子どもの興味・関心や活用能力に応じて適切な内容を選んだり、教師と子どもが教材を自作するなど、より効果的な活用の方法を工夫したいものである。

留意点としては、安易な利用によって表面的な指導になってしまわないようにすることである。また、指導のマンネリ化を防ぐこと。例えば、道徳科の授業は毎回、ただテレビを見るだけで終わる、となってはいないか。事前と事後の指導が不可欠なのに。

(5) 動作化、役割演技

これは、子どもたちの関心の高い重要な問題を取りあげ、問題場面を設定して、各自が特定の役割を自由に即興的に演じていくものである。劇を演じることによって、知的理解だけでなく、心情に訴えることもできる。しかも、『中学校道徳編』(基本的には、小学校についても言えることである)によれば、動作化や役割演技等の「表現活動を通して自分自身の問題として深く関わり、ねらいの根底にある道徳的価値についての共感的な理解を深め、主体的に道徳性を身に付けることに資するもの」である。

指導に当たっては、演技の巧拙を問わず、子どもが伸び伸びと表現できるよう配慮する必要がある。日頃からよい学級経営を行い、自由に、かつ真剣に表現活動ができる「雰囲気」(風土)をつくっておくことも大切である。また、教師も喜んで積極的に演技に参加して、とかく硬くなりがちな道徳科の授業の雰囲気を和らげ、子どもに親しみを感じさせたい。

なお、役割演技とはやや異なるが、簡単な「動作化」や「コミュニケーション活動」を取り入れることも必要であろう。

参考文献

村田昇編著『道徳教育論』（新版）現代の教育学②、ミネルヴァ書房、一九九〇年。

村田昇・大谷光長編著『これからの道徳教育』東信堂、一九九二年。

文部科学省『小学校（中学校）学習指導要領』東京書籍（中学校は東山書房）、二〇〇八年（二〇一五年三月一部改正）。

文部科学省「小学校（中学校）学習指導要領解説　特別の教科　道徳編」二〇一五年。

第八章　子どもをとりまく環境と人間形成

はじめに

人間形成としての子どもの道徳教育は、その誕生と同時に始まる。子どもは、家庭で教育されると共に、周囲の自然や社会や文化によっても教育される。これらの教育は、一般に「無意図的教育」、あるいは「非形式的教育」と呼ばれている。実際には、家庭教育の方は、多少とも道徳教育の意図や方針を持っているであろう。これに対して、子どもをとりかこんでいる自然や社会や文化における教育的意図は、家庭教育の場合よりもさらに少なく、ほとんどないと言ってもよい。にもかかわらず、それらが子どもに及ぼす人間形成上の影響力は、きわめて大きい。

従来ややもすると、幼稚園や学校における「意図的教育」、あるいは「形式的教育」のみが問題にされがちであったが、それは間違いであると言わなくてはならない。何故ならば、デューイ(Dewey, J. 1859-1952)も、主著『民主主義と教育』のなかで明らかにしているように、意図的な教育施設が存在する前の遠い昔から、教育は行われていたし、そうした教育は今日においても欠くことができないからである。本章では、教育の意図も方針もなく、まるで空気のように子どもに作用し影響している道徳教育について考察したい。

第一節　自然の人間形成に果たす役割

1　身体の教育に対する自然の役割

身体と精神とは、不可分の関係にある。ひよわな肉体は、精神をも弱くする。子どもたちの知性と道徳性を育てたいと思うのであれば、たえず彼らの肉体を鍛練するとよい。たくましく健康にしてやるとよい。持てるすべての身体諸器官・諸感覚をフルに活動させるとよい。彼らを賢く善良な、また意志の強い正しい人間にしてやるためにである。

自然ほど、子どもたちの身体を鍛え、情操を豊かにし、それによってすばらしい人間形成を行うものはない。一昔前までは、豊かな自然が子どもたちを包んでいた。彼らは、家から外に出れば、植物や動物から汲めども尽きないすばらしいものを汲みとり、体験することができたし、また子ども心を自然の清らかないろいろな姿で満たしてくれる野や森のなかへと入って行くこともできたものである。野山をかけめぐり、虫や花とたわむれ、川で泳ぎ、西の空が夕焼けに染まるまで我を忘れて遊び続けていた子どもたちは、本当に幸福であった。

ところが、今日、特に都会では状況はまったく一変してしまった。いわゆる経済的繁栄の名のもとに、自然破壊が進むばかりであり、今日私たちは、飲む水、吸う空気、食べる肉や魚に至るまで、大丈夫かなと確かめずにはおれなくなった。緑の樹木も土も小鳥も動物も私たちの近辺からほとんど失われ、大都会では高層ビルや大気汚染に隠されて、太陽も星も見ることができない。子どもたちが、かつてのように豊かな自然のなかで遊ぶことができなくなったばかりではなくて、自然の喪失は、人間の生存をも危うくするようになってきている。もし自然破壊が抑制されずにこのまま続くならば、人類はみずからの手で破壊し尽くした自然の屍のなかで自滅することになるだろう。人間も命を持っているのだから、他の生きものと同じように、自然を離れて生きることはできない。とりわけ子どもにとっては、そうである。

本来ならば、自然は子どもを鍛えるものである。まず、自然は子どもの肉体を鍛練する。太陽のもとで土を踏み澄んだ空気を吸いながら、思いきりとんだりはねたり、走り回ったりすることによって、子どもたちの身体はおのずと強く逞しくなる。家のなかでのおとなしい遊びに比べて、自然のなかでの遊びは、はるかに多く身体、特に大筋肉を使う機会を子どもたちに提供するものである。

しかし、現代の高度に文明化・機械化した生活のなかでは、子どもたちはみずからの四肢を働かせ運動する必要がほとんどなくなってきた。彼らは、大筋肉を動かす機会を失いかけている。昔のように農作業を手伝ったり、薪わりをしたり、水汲みをしたりする必要もなくなり、外出、通園、通学にも、歩かずに自家用車やバスを使う。そうだとすれば、それだけますます子どもたちは、屋外で遊ぶことによってその埋め合せをする必要があるが、今日、特に都市の子どもたちは、外で遊ぶことがきわめて少ない。その原因の一つは、自然が破壊されて、遊び場がないためである。子どもたちに遊び場を提供することは、もちろん大切であり、特に行政に携わっている人に、これを強く要求したい。しかし、遊び場さえあれば、子どもたちは思いきり屋外で遊ぶだろうか。そうはいかない。遊び場にも自然にも恵まれている地方の子どもたちも、いな山深い僻地の子どもたちさえ、今ではかつてほど外で遊ばなくなった。だから、そのより根本的な原因は、他にあるように思われる。

「受験競争の激化」と「マスコミやゲームによる子ども文化の平準化」などに、より根源的な原因を求めることができるのではなかろうか。つまり、子どもは、過重な「家庭や塾などでの学習」と「テレビやゲーム」の両面から挟み撃ちされて、その屋外の遊び時間をきわめて短くしているのである。子どもにくる日もくる日も勉強とテレビやゲームの間を往復させるのではなく、もっと屋外で遊ばせなくてはならない。子どもにとって、それも幼い子どもであればあるほど、遊びは即仕事であり、即勉強であるはずだ。子どもの社会性や道徳性の発達にとっても、戸外での集団遊びが不可欠なのである。

ここで強調しておきたいのは、子どもにとっては「自然のなかでの自然な遊び」にまさるものはないということである。しかし、今日そうした遊びは、少なくなるばかりである。

近代以降の社会の一大特質は「目的合理性」にほかならぬが、今日ますますそれが徹底してきていると言えよう。そうして、それが子どもの遊びにも侵入し、大きい影響を与えている。目的合理的な遊びが多くなるにつれて、上杉孝實も指摘しているように、「遊びの脱目的性、回り道的性格、総合性は、遊びの競技化・スポーツ化のもとで失われやすい」のである。例えば、野山での気ままな遊びが、ひたすら山頂を目指す重装備の登山に変わり、自由な川遊びが、プールでの競泳と魚つり大会へと分化していく。

こうして、子どもたちの遊びは、本来の自然な遊びから離れていき、「課業」になってしまう。子ども会活動としての遊びやスポーツ、スポーツ少年団活動なども、子どもたちの自由で自発的な活動というより、課せられ、与えられた枠のなかでの活動になりやすい。もっと子どもの自然と密着した遊びの回復が、求められる。幼い子どもの場合には、なおさらである。

2　精神の教育に対する自然の役割

次に、子どもの精神や心と自然との関係について考えてみたい。自然の喪失による危害は、子どもたちの精神や心にまで、大きく影響する。自然が失われると、単に身体が弱くなったり病気になったりするだけでなく、同時に精神も腐り、心がひからび、情操も愛も失われるのではなかろうか。極度に自然から遠のけば、子どもたちは人間らしい心を持たない人間となり、遂には精神的に破滅するのではなかろうか。もし子どもたちのまわりに人工の環境、人工の物質、しかも非常にちゃちで低級な人造品しか見られなくなったら、彼らは心のひからびた機械のような人間、人間らしい心のひとかけらも持ち合わせていない人間となってしまうであろう。子どもたちの美的・倫理的感覚は失われ、彼らは美しいものに対しても、善なるもの正しいものに対しても、何ら感動することも愛することもできなくなるであろう。これらに対して無感覚となるであろう。

ローレンツ (Lorenz, K.,1903-1999) の次の言葉が、それを裏づけている。彼によれば、「文明人は自分をとりまいている自然、自分を養っている生きた自然を見境もなく野蛮に荒廃させることによって、みずからを生態学的に崩壊させる恐れがある。彼らが経済という観点から初めてこのことに気づいた時、おそらく彼らは自分たちの失敗に気づくであろうが、それではもう遅すぎる」のである。しかし、問題は次の点である。すなわち、「いちばん気づきにくいのは、人間がこんな野蛮なことをやっているうちにいかにひどく自分たちの精神を損なっているかである。文明人の美的・倫理的野蛮化の大部分のとがは、人間が生きた自然から全面的に、また急速に離れていっているところにある」ということである。つまり、文明人は何が美しいか、何が正しく善であるかが分からなくなってきて、想像もできないようなあるまじき行為を平気でし、目をおおうばかりの残虐きわまりない犯罪さえ犯しかねないのであるが、それらいろいろなあやまちの原因の一つは、人間が自然から離れていったためである、ということであろう。しかも、「審美的な感受性と倫理的な感受性は、明らかに互いにきわめて密接に結びついており」、人間が自然から離れると「明らかにどちらの感受性も萎縮する」のである。つまり、美に対して鈍感になると、倫理ないし道徳に対しても感覚が麻痺し、倫理的退廃や道徳的堕落が起こるのである。

以上で分かるように、心の美しい、善良で正しい子どもにする最良の策は、子どもを美しい豊かな自然のなかで育てることである。そのなかで思いきり遊ばせ、活動させるのがよい。花を見て美しいと感じ、それが雨の道ばたで踏みにじられるのを見てかわいそうと思い、雨あがりの虹を見て感動し心を躍らせる子ども。星や月、日の光や雲のたたずまいに心を楽しませ、小鳥を愛し、虫の音にひそかに耳をすます子ども。そういう子どもは、善良である。豊かな大自然と共に、それを友として、それと一体となって成長した子どもたちは、必ずや身体は強くて逞しく、心は清くて正しいであろう。

第二節　現代の社会的・文化的状況と人間形成

1　刺激の洪水としての現代文化

今日、特に大都会では、子どもたちは野山をかけ回って身体を鍛えることも、また静かな森のなかでえも言われぬ安らぎを感じ、内面的な気持に浸ることによって、心の栄養を得ることももはやできなくなっている。現代の子どもたちは、刺激的享楽的文化の氾濫する都市生活のはてしない渦のなかへ、巻き込まれている。彼らは交通の渦のなかで生活しており、マスコミや宣伝びらや広告に取り囲まれ、ありとあらゆる騒音や雑音を伴った都市生活のあわただしさと興奮のなかで生活するのを余儀なくされている。すなわち彼らは、ルーデルト（Rudert, J.）の指摘する「刺激の洪水」のただなかで、生まれ成長しているのである。しかも、こうした状況は、今日ではマスコミと交通機関の発達によって、都市だけでなく地方においてもほぼ同じように見られるようになった。

現代の子どもたちは、都市でも農村でも、コーラやコーヒーなど興奮性の神経を刺激する飲食物から、流行の新製品から、またテレビやゲーム、ビデオやインターネット、漫画や雑誌などから、その他ありとあらゆるものから、強い刺激を頻繁に受け興奮させられているので、彼らははなはだしく「刺激慣れ」している。だから、少々の刺激では物足りなくなり、ますます強い刺激を何度も求めずにはおれなくなる。刺激が刺激を呼ぶ。それはちょうど麻薬患者が、麻薬の強さと摂取回数を、日ごとに増していくようなものであろう。そのような刺激慣れのために、子どもたちは、非常に地味な価値に対する感受性を失ってきている。素朴・単純・質素・純粋・平凡なもの、そういうもののなかにこそかえって価値があり、そういうものこそ愛するに値するのに、今の子どもたちはそういうものを馬鹿にし、そういうものに無関心になってきている。それに応じて、彼らの心は、がさつになり、砂漠のようにひからびてくるであろう。

戦後特に目立ってきた、いわゆる「発達加速現象」の主な原因は、右に述べたような「刺激の洪水」にほかならない。周知のように、今日、子どもたちの身体的・性的成熟は、年々早まるばかりである。おませで早熟な子どもたちは、活発で気がきき頭の回転が早くて、一見したところ賢そうに見えるであろう。しかし、そう見えるだけであって、実際は違う。驚くほど多くのことを知っていて、大人なみに口がきけるようであって、本当は薄っぺらな頭しか持っていない。しかも、落ち着きがなく、興奮や刺激を求めることが多くて、精神的にきわめて不安定である。彼らは、大人になろうと背のびさせられすぎているために、子どもらしさに欠けている。人生にはそれぞれの発達段階があって、それらをとび越えることなく、一歩一歩ふみしめて生きていくところに意味があるのではなかろうか。子どもは子どもらしく、大人は大人らしくあるのがよい。大人のような子どもは、子どものような大人にしかならないであろう。

2　消費的行為としての遊び

次に、現代の子どもの遊びについて考えてみよう。一般に、今日の子どもたちは、あまり好ましくない遊びをしていることが多いのではなかろうか。古来伝え続けられてきた美しい民族的な伝承遊びは、ほとんどすたれてしまった。

すでに見たように、現代の子どもは家のなかにいることが多く、その家も小さく狭いので、のびのびと遊ぶのに不都合である。そうして、都市化が進むにつれて、隣近所との交際が少なくなり、加えて小家族・核家族化した今日では、子どもは遊び相手にもこと欠く。友達との活気に満ちた集団的な遊びの機会に恵まれない子どもは、テレビやテレビゲーム、ビデオなどでの一人か二人の遊びが中心になる。さもなくば、大人としか遊ばないということになってしまう。すでに本来の遊び体験が十分でなかった世代が親となる時代にあって、この状態が当然と見なされるようにもなっている面がある。だからなおさら、大人のために作り出された娯楽に対する、子どもの興味や熱望が大きくなる。お父さんがテレビを見れば、自分も一緒にテレビを見る、ドライブに行けば自分もついて行く、安っぽい漫画を見れば自分も一緒に見る、といった具合になりがちである。こうしてまた、子どもはますます大人化していくのである。

それでは、大人の遊びや娯楽の実態は、どうであろうか。現代人は、仕事をきわめて機械化・合理化しているために、昔の人間よりずっと余暇を自由に用いることができるが、反面、大きな不幸である「退屈」と「倦怠」とに悩まされている。たとえ長時間労働やうち続く残業のために余暇が少ない人であっても、労働から解放された時間が空虚であれば、やはり退屈と倦怠に悩むことになるであろう。現代人は、退屈から逃れるために、さかんに次から次へと、娯楽を追い求めずにはおれない。この意味における娯楽とは、すなわち「快楽」のことである。この快楽は、消費的な行為にすぎず、金さえ出せばいくらでも手に入れることができるけれども、副産物として人間の大きな不幸である倦怠を生み出す。

これに対して、汗水流して行う労働や、きびしい苦労のすえに初めて達成される成果は(たとえそれが仕事であろうと、スポーツであろうと、遊びであろうと)、心の内なる真の「喜び」を生み出す。このように喜びは、消費的行為によってではなく、生産的行為によってこそもたらされるのである。

娯楽は、このような喜びにつながるものでなくてはならないが、現状はなかなかそうなってはいない。とりわけ、金持で派手好きで、しかも虚栄心、つまり間違った名誉心の強い者たちにとっては、その娯楽のほとんどは快楽であり、従ってその禍として倦怠が生じている。大きな費用をかけて手に入れた快楽にとりまかれて、倦怠が彼らの心を蝕み、彼らの精神を殺している。彼らは倦怠を逃れては、またそれに取りつかれて、その日々を送っている。そこにはもはや、本当に人間らしい生き方はないと言えよう。

ところが素朴で平凡で、しかも賢明な人々は、ほとんど退屈しない。その生活は、活動的であり、あくまでも勤勉である。多くの日々の節制と疲労と骨折りのために、ごくわずかの休日や祭日が、言うに言われぬ喜びとして味わえるであろう。

しかしながら、現代人の娯楽のほとんどすべては、消費的な、ないし金のかかる快楽であり、かつまた子どもたちも次第にそれに感染してきている、というところに問題がある。金のかかる娯楽にろくなものはない。特に、子どもには有害である。我が国がいわゆる経済的繁栄の時代に入るやいなや、中・上流家庭の青少年の犯罪発生率が急増したこと、また長い間にわたって人類史上まれに見る物質文明の高水準を誇ってきた米国が犯罪王国であるのも、あながち偶然ではなかろう。

金だけでは、子どもは育たない。子どもの遊びについても、もうけ主義的娯楽産業の罠にかかることなく、金のかからないもっと健全で生産的な遊び、地味で素朴な遊びを愛するようにしむけたいものである。そのような遊びは、しばしば、子どもみずからの手足を働かせ、子ども自身の創意工夫や努力によってのみ行われうる遊び、つまり何らかの意味で「苦労」なしにはできないような遊びである。それは、快楽ではなく、まことの創造的な喜びを生む。そのような遊びであれば、心身に有害なあの人工的な刺激は必要ではなく、またあおりたてるような興奮を伴うこともない。有料遊園地やデパートに子どもを連れて行くかわりに、裏山を散歩するとか、観光旅行化した旅のかわりに、文字通り足を使う遠足にするとか、いろいろ工夫すべきではなかろうか。

子どもたちの遊びと密接な関係がある玩具を考えてみても、彼らは、しばしば、高価な完成した既成の玩具を与えられている。それはすっかり出来上がっているために、自分で作る苦労もなく、それを持って遊ぶにも努力や忍耐を必要としない。だから、そこには、子どもたちの真の喜びもない。またそれは、子どもたちの想像力を働かせることができず、従って当然、創造力を伸ばすこともできないのである。

3　マスコミの影響

さて次に、マスコミやマスメディアと人間形成の問題について考えてみよう。現代はマスコミ時代と言われ、子どもたちの生活や遊びも、性格形成や道徳性の発達も、マスコミによって大きく影響されているであろう。また先に見た、さまざまな刺激や興奮も、マスコミを通して与えられることがきわめて多い。

マスコミには、テレビ、ラジオ、映画、新聞、雑誌などいろいろあるが、今日その中心的位置を占めているのはテレビであろう。テレビであれば、まだよく言葉が分からない二歳児も、あるいはもっと小さくても、喜んで見ることができる。また、その後のあらゆる発達段階における子どもたちにとっても、マスコミといえば、何と言ってもまずテレビであることは確かであろう。だから、ここでは、テレビを中心に考察したい。しかし、テレビについて述べていることは、その他各種のマスコミやマスメディアにも共通するところが多いと考える。

まず、テレビを見る場合には、子どもは身体を活動させず、すわったままである。それはよくない。病人や老人にも、すわったままはよいとは言えないが、その何倍も子どもは手足を初めとして、その他身体各部のさまざまな器官と感覚とを使用すべきであろう。テレビを見る場合にも、視覚と聴覚とは十分に働いている、と言う人もいるかもしれない。しかし、テレビでは決して生のものを、直接見たり聞いたりすることはできないのである。何と言っても、子どもが身体ごとぶつかって体験する、その生の真実の体験にまさるものはない。

このような真実の体験をすることによって、子どもたちはより積極的・能動的になり、想像力や創造力を働かせることができるであろう。逆に、テレビの前にすわっていて、その音声と映像と刺激とを受身的に与えられてばかりいるならば、彼らはより消極的・受身的となり、その想像力も創造力も窒息してしまい、ついには彼らは自分で作り出すことを厭い、模倣に専念するようになるであろう。

このように、ただすわっていて受身的に受容することがたび重なると、ついにはルーデルトが指摘しているような「観客病」にかかってしまう。映画、演劇、プロ野球などを見ている観客の様子を想像してみるがよい。彼らは、まったく受身的に見せてもらっているにすぎないのであり、自分自身で動いたり踊ったりボールを投げたり打ったりすることは、決してしてない。現代の文明人の娯楽は、この種の受動的なものに片寄りすぎているようである。それはほどほどにして、もっと自分の身体を動かして汗水流して働いたり、遊んだり、スポーツをしたり、創意工夫して物を作り出したりしなければ、人間は逞しさを失い、堕落し、馬鹿になるし、かつまた道徳的な勇気と行動力も育ちにくいのである。「生きる力」も育たない。子どもはなおさら、そうであろう。また、観客病にかかってしまった子どもは、人間形成と道徳教育においてあれほどまでに強調され重視されている、自主性も主体性も育ちようがないと言えよう。何故ならば、自主性や主体性というものは、劇を見る側よりも演ずる側に、野球を見る側よりも行う側に、相撲を見る側よりも取る側に、遊びを見る側よりも自分で遊ぶ側に、より多くあるからである。観客すなわちお客さんは、あくまでお客さんであり、決して主《あるじ》ではない。だから、テレビばかり見ていては、その番組と内容との善し悪しを問わず、自主性も主体性も育ちにくいのである。テレビをめぐる最大の問題は、「どういう番組を見るか」ではなく、むしろ「見すぎる」という点にあると言えよう。テレビの見すぎによって、子どもは次第に、主体性も自律性もない平均化した非個性的な大衆になっていくであろう。人間は「習慣の動物」であるから、くる日もくる日も受身的な遊びや生活が続くならば、ついに人間そのものも、受身的で非主体的になってしまうのは当然である。

以上のことには、不思議な矛盾と皮肉があるのではなかろうか。戦後今日に至るまでの我が国の幼稚園と学校における人間形成を目指す教育は、子どもの自主性と主体性とを尊重して、積極的に自分で考え、自分で活動し、自分で作り出し創造するようにさせようとしてきたからである。また、あらゆる機会を捉えて、可能な限り「他律的道徳」から「自律的道徳」への発達を援助しようとしているからである。ところが、テレビなどによる遊び、あるいは玩具となると、それらは子どもを猿まね式の人間に、極端な受動性・消極性へと教育しているのである。子どもは、保育所や幼稚園で、また学校でせっかく教わり学んだすばらしいものを、園外や校外の遊びと生活のなかで、みごと台なしにしてしまう。何という矛盾であろう。何という無駄であろう。

ところで、先に見た「刺激の洪水」の少なくとも半分くらいは、テレビを中心としたマスコミによってもたらされるものである、と言えよう。だから、子どもたちの「発達加速現象」にも、テレビは一役買っているようである。また同じく先に見た、子どもたちの遊びの様式の変化、つまり遊びの大人化にも、テレビはかなり影響しているようである。またテレビを見る時間が長くなればなるほど、子どもたちは、野外で遊ぶこと、大自然のなかへ入って遊ぶことが少なくなりがちであろう。このように、本章における各節、各項目は、互いに密接、かつ有機的につながり合っていることに注目しなくてはならない。たとえテレビを主語にしなくても、ビデオ、ゲーム、インターネット、スマートフォン等々についても、同じことが言えるのではなかろうか。

4　問題解決の具体案

以上本章の初めから、種々様々な問題をあばき出してきた。自然の喪失、刺激の洪水、マスコミ等々について、批判的に考察してきた。それでは、一体、どうしたらよいのであろうか。この問いについては、すでに何らかの意味で答えが示唆されたところもあるが、以下においてさらに、ごく基本的な二三の解決策について考えてみたいと思う。

ここでまた、私たちは出発点に立ち返らなくてはならない。種々様々な問題の大部分は、子どもたちを自然のなかへ帰してやりさえすれば、解決するように思われる。さまざまな問題は、子どもたちから自然が失われて、あるいは彼らがそこから離れて、人工化しすぎた環境のなかで生活するところから生ずるようである。大都会や過剰な文明が、子どもたちを害するのである。

ルソー(Rousseau, J.J., 1712-1778)の次の言葉に、耳を傾けるべきであろう。すなわち、「都会はすべて、人類を破滅にみちびく渦である。幾代かたつと都会に住む家系は滅びるか、さもなくば衰退する」。もともと「人間は、蟻の巣のようにすし詰めにされるのに向くようには作られていない。……人間は密集すればするほど腐敗する。肉体の虚弱、魂の退廃は、あまりにも多くの人間が寄り集まった場合の必然的な帰結である」。そこで「都会生活者を入れ替えることが必要となる。そして、この入れ替え分を供給するのが、常に田舎なのである。だからあなた方は、あなた方の子どもを田舎へやって、いわば子どもたち自身を入れ替えさせ、人の密集しすぎた場所の不健康な空気のなかで失った逞しさを、田園のまんなかで取り戻すようにさせるがよい」と。

このルソーの言葉は、永遠の真理ではなかろうか。ただし、ここでルソーは、都会を否定しているのではなくて、批判していると判断すべきであろう。現代の我が国にも、現実に都会というものが存在しており、従って都会生活を免れえない子どもたちが現にいるのである。都市をつぶして、時代を逆行させるわけにはいかない。しかし、人間は、とりわけ子どもたちは、田舎で生活するのがよいこともまた確かであろう。

そこで、田舎で育てることを原則としながらも、どうしても都市生活を免れえない子どもたちには、ルソーの言う「入れ替え」をしてやろうではないか。都市の子どもたちは、できることなら、もう一つの家を田舎に持つとよい。家族全員でたびたび訪れることができる場所、解放的な田園生活と豊かな自然のなかで、子どもたちが思う存分走り回ったり、とんだり、はねたり、叫んだりできる場所に、もう一つ家を持つのがよい。子どもたちは大喜びして、存分に自然から心身の栄養を吸収し、それで心を満たし感動しくつろぐものである。過剰な刺激、及びそこから起こる神経質といら立ちも間もなく静まり、子どもたちの心は安らぐものだ。まさに自然こそ、刺激の洪水に対する最良の解毒剤である。これこそ、最も確かな「心の教育」であり、道徳教育であると言えよう。また、「生きる力」を育む教育でもあると言えよう。

もし経済的事情などによって、田舎に別に家を持てない場合には、休日を使って、それも困難であれば一か月に一度、あるいは長期休暇中だけでも、田舎のおばあさんのところへ子どもたちを連れて行くのも一つの方法である。それさえも困難であれば、派手な浮かれ騒ぐ観光旅行をやめて、世間で行われているのとちょうど逆の風変わりな旅をしてみるのもよかろう。そうすれば、ほとんど間違いなく、自然を楽しむことができるよい旅となるであろう。また、可能な限り、植物の栽培や動物の飼育を子ども自身にさせることによって、人工化された自然を作り出すのもよい。楽しみながら自然に「自然体験学習」ができる。その他、方法はいろいろあろうかと思う。不可能だとあきらめる前に、各人が各人の置かれている状況のもとで、知恵をしぼり出して真剣に考えてみることである。そうして、どんなに小さなことでもよいので、できることから一つ一つ地道に実行することである。日々の生活のなかで、足もとから着実に築いていくべきであろう。結局、それがいちばん大切なのではなかろうか。

もしそうした努力をおこたるならば、現代の日本の場合には、田舎で生活しても何にもならない。というのは例えば、「刺激の洪水」という状況についても、今日ではマスコミと交通機関の発達によって、都市と田舎との間の差違がほとんどなくなったからである。また、すでに本章第一節の1でも触れたように、今の日本では遊び場にも自然環境にも恵まれている地方の子どもたちも、いな山村僻地の子どもたちさえ、野外で遊ばなくなったのである。まずこの問題を、どうにかしなくてはならない。何故ならば、この自然のなかでの自然離れが続く限り、前述したような都市から田舎への移動は何の役にも立たないからである。

最後に、本章全般のいろいろな問題に対する、今一つの対応策を示唆しておこう。無意図的な教育にとっては「余暇の善用」が問題となるが、現代人、特に遊びべたと言われている日本人は、機械化・合理化によって与えられた余暇を賢く使い有意義に建設的なものにすることに、まだ成功していない。そのような大人が、まず問題である。現代人は、味気ない機械の歯車のような労働による疲れと欲求不満のために、いきおい消費的行為としての快楽で気を紛らわそうとする。これを、消費産業が、がっちりとつかんで離さない。そうして、上杉孝實も述べているように、「余暇が生じても、平生の疎外の回復をそこで一挙になしとげようとすることから、強迫的な余暇活動となり、労役と変わらない行動パターンが見られることもまれではない」のである。これは、決して余暇の善用ではなく、そういうことでは家庭生活も望ましいものにならないであろう。

子どもたちの余暇を建設的に充実させることは、人間形成と道徳教育の重要な課題であるが、そのためにはまず大人が変わらなくてはならない。父親も家庭外での遊びをひかえて、子どもたちにふさわしいすばらしい時間を、日々の生活のなかに作ってやる努力をしよう。例えば、家族全員による「楽しい夕べ」や、心から喜べるなごやかな「家庭の日」

を作ってはどうだろうか。本当に「すばらしい週末」を作ってはどうであろうか。それらの努力によって、ただの観客的な態度の皮相なくつろぎとそうぞうしい娯楽とを捨てて、そのかわりにまことのくつろぎと安らぎと心からの喜びとを取り戻すことは、親にとっても子にとっても大事なことである。緊張と解放、労働と楽しい家庭の夕べ、汗の週日と楽しい憩い日との間に織りなされる健康な生活の「リズム」が、考えなおされなくてはならない。ここに、刺激の洪水を防ぎ、子どもたちを神経質と落ち着きのなさに陥らせないように防止すると共に、遊びの堕落や低俗化を防ぐ手段が一つあるわけである。ルソーも言うように、「一家団欒の魅力こそ腐敗した風俗の最良の解毒剤なのだ」。

参考文献

ルーデルト他、杉谷雅文・溝川良一訳『新しい教育の探求』明治図書、一九六一年。

ローレンツ、日高敏隆・大羽更明訳『文明化した人間の八つの大罪』思索社、一九七四年。

ルソー、永杉喜輔・宜本文好・押村襄訳『エミール』玉川大学出版部、一九六九年。

赤塚徳郎・森楙編著『乳幼児の保育原理』保育入門シリーズ第一三巻、北大路書房、一九八九年。

上杉孝實著『現代文化と教育』高文堂、一九八九年。

第九章　人間形成における子ども・保護者・教師

第一節　子どもとの関係における保護者と教師の徳

1　愛

保護者や教師に愛の徳があり、彼らが子どもたちを愛し、子どもたちの側にもそれに応ずる愛が生まれて、相互に愛し愛される人間的な関係が存在しなかったならば、家庭における人間形成にせよ、学校における人間形成にせよ、成功は望めないであろう。これは、人間形成を可能ならしめる、不可欠な前提の一つである。

愛は、これを人間的な相互関係として把捉する必要がある。ゆえに、ボルノウ（Bollnow, O.F., 1903-1991）が試みているように、教育者（保護者と教師を共に含む。筆者は、特に学校教師を指す場合は「教師」とした）の側からの考察と同時に、子どもの側からの考察もあったほうがよい。しかし、まず教師の側から考えてみよう。

シュプランガーも、あるいはケルシェンシュタイナー（Kerschensteiner, G., 1854-1932）も明らかにしているように、真の教師は生の類型上「社会的人間」、すなわち他の人のためにのみ生きる、愛の精神の人に属している。ペスタロッチーのような教育的天才の名に値する教師は、たとえようもないほど深く温かい愛によって人間を理解する人であり、またそのような愛に満ちた心で、教育を考え、かつ実践する人である。ケルシェンシュタイナーは言う。すなわち「彼（真の教師のこと。筆者注）の生活を支配する法則は、人間に対する純粋な愛情である。彼を根底から動かすものは、学者のような認識でもなく、芸術家のような造形でもなく、現に生きている人間に対する純粋な愛情である」と。こうした愛の徳に欠ける者は、いかに道徳や倫理学の理論にたけていても、またいかに優れた教育技術を持っていても、理想的な教師ではない。

次に、家庭に目を向けよう。他がためにのみ、子どものためにのみ捧げる愛、捧げようとせずして自然に捧げる愛は、何といっても母親において最も顕著に現われる。

ペスタロッチーは言う。「母は子どもを育み、養い、守り、そして喜ばせずにはおれない。彼女はそれ以外のことはできなくてそうする。まったく感性的な本能の力に迫られてそうする。母はそうして子どもの要求を満たし、子どもにとって不快なものを遠ざけ、何もすることのできない子どもを助ける。子どもは育まれ世話されて、喜び、愛の芽は子どもの心のなかに成長する」と。これによって理解できるように、母の温かい愛に対して、子どもも愛で応え始める。子どもは母を愛し、母に愛着し、母を大好きになる。たとえ、母が愛し返されることをまったく期待していなくても、いや期待していなければこそ子どもは愛で報いるのである。これこそ、子どもの徳性としての愛の出発点であり、基礎である。

右のような母子の間における互いに愛し愛される人間的な関係は、基本的には、教師と子どもとの間における愛の関係についても、適用できるのではなかろうか。先に見たような、ただただ子どものためにのみ生きる愛の教師に対しては、子どももまた、特別の愛で応え始める。子どもは教師を愛し、教師に愛着し、教師を大好きになるであろう。程度の差こそあれ、これは、普通の教師と子どもとの関係についても言えることである。

しかし、教育的関係における保護者や教師の愛は、ただ温かくやさしいだけでは十分でなく、まして「溺愛」や「盲愛」であってはならない。杉谷雅文も述べているように、「教育的な愛は、その温かさの底に、善悪正邪をきびしく見分け、裁判官の持つあの客観的な冷静さと処罰能力とをもって、教え子やわが子の不法や過ちを正す、きびしさをひめていなくてはならない」のである。突き放し、拒否するきびしさも必要である。こうした面は、母親以上に父親に、そして保護者以上に教師に求められるであろう。ただその時、その場で、近視眼的に子どもを愛し、また子どもに愛され子どもの人気を得るだけでは十分でない。長い目で見て、愛される保護者や教師にならなくてはならない。

2　信　頼

保護者や教師に信頼の徳がそなわっていて、彼らが子どもたちを信頼し、子どもたちの側にもそれに応ずる信頼が生まれて、相互の信頼関係が存在しなかったならば、これまた人間形成や道徳教育は不可能であろう。この問題を、まず保護者や教師の側から考察する。

ボルノウも言うように、「子どもは、教育者が彼について描く像に従って、また教育者が彼におく信頼に応じて、みずからを形づくる」のである。すなわち、保護者や教師が子どもを信用し、子どもは正直ですなおであり、また意志も強く必ずや物事を最後まで為し遂げることができると信じるならば、子どもは、こうした信頼に応えて、実際に信用のできる、正直な、意志の強い子になるのである。

しかし、逆のことも起こりうる。保護者や教師が、子どものなかに悪しきものがありはしないかと邪推すると、この邪推によってその悪しきものが事実子どもによび起こされて、子どもは実際に、愚鈍で怠惰で嘘つきになったりする。「不信の毒」が子どもをおかし、疑い深い保護者や教師が邪推した通りになってしまう。そうして彼らの不信に対しては、子どもも不信で応え、不信が不信を生み悪循環はとどまるところをしらない、といった状態になるであろう。

しかしながら、「盲信」は子どもを台なしにしてしまう。わが子を「盲愛」もしくは「溺愛」する多くの母親たちに見られる、この盲信は、子どもたちに容易に見ぬかれ、悪用されるだけである。つまらないことでだまされることと、信頼することとはわけが違う。子どもたちの単なるわがまま、我欲、利己心が見えなくなり、これらにだまされ振り回される信頼は、教育的信頼でない。ボルノウも言うように、「真実の教育的信頼は、無分別ではない。ほんとうの教育者は、子どものすべての人間的な弱点や悪へのあらゆる傾向をも、きわめて明確に見つめる」のである。そこには、子どもの欠陥や利己心についてのリアルな認識がある。そのような保護者や教師であってこそ、真に信頼の徳をそなえていると言える。

さて次に、子どもの側からの保護者や教師に対する信頼、つまり子どもの徳としての信頼について考えてみよう。子どもの信頼の感情は最初、家庭のなかで芽ばえる。とりわけ、幼子の母親に対する信頼こそ、その後のすべての信頼の始まりであり、基礎であると言ってよい。わが子への母親のあまりにも深く温かい愛と、絶対的な信頼とに対して、幼子もまた、絶対的な信頼で応える。この信頼関係こそ、先の母子の間での愛の関係と同様に、あらゆる教育にとって不可欠な前提なのである。だから、この母子の信頼関係が欠けている場合には、たとえどんなに頭をひねって考え出された教育の方法といえども、まったく役に立たないであろう。まことの人間形成は、単に方法や技術によってではなくて、各人が相互信頼の関係にあるということをそのなかで感じる、人間と人間との生き生きとした接触を通してこそ行われうるのである。

母親への信頼の最初の芽は、ペスタロッチーも教えてくれているように、子どもの発達段階に応じて漸次、父親、兄弟姉妹、教師、そして広く人間一般へと拡大していくのである。しかし、このように拡大すればするほど、保護者への信頼は、絶対的なものでなくなり、相対化し、弱まっていかざるをえないであろう。

保護者への無条件の信頼は、やがてある年齢段階に達すると、教師への信頼にとってかわられる。子どもにとって教師が保護者以上の存在、保護者よりも優れていてすべてをもっとよく知っている人、より尊敬と信頼に値する人物となってくる。しかし、やがて子どもがさらに高い発達段階に達し、教師の人間的な不完全さが分かってくるにつれて、教師に対する絶対的な信頼も崩壊してくるに違いない。このように、保護者と教師への全き信頼は、初めから無常の芽をはらんでいるのであり、早かれ遅かれこわれてしまうものである。

しかし、「三つ子の魂百まで」という言葉もある。幼い時代の根源的な信頼関係は、どんなに子どもが成長し、自主性が発達しても、決して完全に消滅することはないはずである。それはただ、相対化し、薄められ、一般化されるにとどまる。従って、幼児期、児童期における保護者と教師に対する信頼が、もし本当に真実のものであったならば、それは、その後の段階に及んでも何らかの意味で保持され続けることであろう。愛についても、同様のことが言えるのではなかろうか。

3　尊敬

保護者や教師に尊敬の徳があって、彼らと子どもたちとの間に、相互に尊敬し尊敬される人間的な関係が存在しなかったならば、これまた、人間形成と道徳教育の成功は望めないであろう。尊敬も、愛や信頼と同じように、人間的な相互関係として理解するのがよい。まず最初に、保護者や教師の側から考察を始めよう。

かつて、エマーソン（Emerson, R.W., 1803-1882）は、「教育の秘訣は児童を尊重するにあり」と言った。保護者や教師は、ただ子どもの存在のみならず、さらに子どもが持っている意味と価値をも、認める必要がある。子どもの有する、もしくは子どもの内部に秘められている意味と価値とを認めることができ、それに対して確信を持つことができるならば、必然的に、子どもを尊重せずにはおれなくなる。これが尊重である。

一般に、愛は温かく主観的であるが、尊重もしくは尊敬は、冷静かつ客観的である。すなわち、距離をとって、子どもの有する意味と価値とを客観的に見ることを意味する。愛はとかく、「好き」という主観的感情と結びつきがちであるから、どのように努力しても愛せないこともある。しかし、真に子どもの意味と価値とを理解し、捉える事ができれば、おのずから彼に対して尊敬の念は湧いてくる。ルソー、フレーベル（Fröbel, F.W.A., 1782-1852）、デューイ、あるいは現代の「児童学」が明らかにしているように、子どもは幼くて未熟ではあっても、決して単に弱いもの、哀れなもの、劣ったもの、価値低きものではないのである。

なるほど愛については、一般的には、教師はもちろん、父親も母親には決してかなわないが、ただもし教師や父親が子どもの何であるかを真に正しく理解するならば、母親以上に子どもを尊び、重んじ、敬うことはできるであろう。

次に、子どもの側からの考察に移ろう。子どもの保護者や教師に対する尊敬も、家庭教育にせよ、学校の授業にせよ、およそ教育が成功するためには、欠くことのできない前提条件なのである。子どもは、保護者や教師の広い知識、優れた技術と能力、いやそれ以上に人間的な偉大さに対する尊敬の念を持ちたいと心ひそかに願い、求め、欲している。ボルノウも言うように、これも、一種の「子どもの欲求」である。保護者や教師は、この欲求を心ゆくまで満たしてやらなくてはならない。自分をはるかにしのぐ保護者の勤勉さや豊かな人間性、あるいは自分の理解力をはるかに越えている教師の知識の広さと深さ、またその人格からにじみ出る誠実さなどに対する子どもの尊敬の念が、保護者や教師からすすんで意欲的に学び取ろうとする感情を奮い立たせ、かつこれを支えるのである。子どもは、尊敬できる保護者や教師のもとでのみ、真に喜んでその教えを受け入れることができるのである。

それゆえ、子どもは尊敬できる保護者や教師に対してこそ、内的服従という意味において、「従順」となることができる。外的強制がなくても子どもみずから、従わずにはおれないから従うという意味におけるこの従順は、愛からも生まれるが、尊敬からも生まれるのである。一般に、年齢が低ければ低いほど愛から、高ければ高いほど尊敬から生まれる割合いが大きくなるようである。また、従順と一体となっている「感謝」の念も、単に愛からだけでなく、尊敬からも起こってくると言えよう。ペスタロッチーのあの「愛→信頼→感謝→従順」と共に、「尊敬→信頼→感謝→従順」の道もあることを、私たちはよく知っていなくてはならない。

家庭教育と学校教育とのあらゆる分野にわたって、大なり小なり、保護者と教師に対する尊敬に支えられていないものはないが、特に道徳教育については、その度合いがきわめて大である。子どもが保護者や教師に尊敬の感情を抱く時には、尊敬できる人物である彼らの期待に応えたい、あるいはまた彼らに認められたいという欲求なり願望が、子どもの内部に生まれる。それは、必ずや子ども自身を人間的な向上に向かって発奮努力させる強力な刺激と原動力となるであろう。そうして子どもは、保護者や教師の物の見方や考え方、生活態度、価値観、人生の理想などを真に喜んでみずからの「模範」とせざるをえなくなり、かつそれらに自己を同一化せずにはおれなくなるのである。子どもは、尊敬できる保護者や教師との触れ合いを通してこそ、そのような保護者や教師を真に内心から模範にすることによってこそ、自己を道徳的・人間的に高め、向上させることができるのである。

4　忍　耐

教育は忍耐である。単に「忍び耐える」だけでなく、「待つことができる」という徳を、ボルノウは「忍耐」とよぶ。つまり、この意味における忍耐とは、人間の自然的な不徳である短気、性急さ、早めすぎ、急《せ》き立てと反対のものである。そうして、保護者や教師の忍耐のなさは、子どもの「発達段階」を無視する結果となってしまう。あるいは逆に、発達段階についての無知と無理解とが、子どもを急き立てる結果になってしまう。

とかく保護者、とりわけ母親は、子どものどのような発達でも、それが早ければ早いほど喜び誇らしく思うし、また発達を早めるために、ありとあらゆる手を尽くしてできうる限りの努力をしようとするものである。教師もまた、ある程度そうであろう。しかし、ものには「適期」というものがある。人間の教育も植物の栽培と同じように、遅すぎて手遅れになってもよくないが、早すぎてもよくない。これは、今日、ハヴィガーストらの、いわば「発達教育学」の詳細に教えてくれている通りである。

さかのぼって、ルソーほど激しく早熟と早教育を批判した人はいない。彼によれば、徳は理性なくしては決して真の徳になりえないから、まだ理性の睡眠の時期にあるほぼ一二歳以前の子どもを、おとなの義務や規範を無理に教え込むことによって、早くから有徳にしようとしてはならないのである。ルソーには、確かに誇張や矛盾が多いが、必ず一度は、耳を傾けるべきであろう。

右とやや趣を異にして、子どもが人の道を踏みはずし、人間的に責められるべきふるまいをするとか、すでに一度は直ったものと信じられていた犯罪を犯したり、いくたびも怠慢や悪意の言行をくり返したりするような場合には、忍耐ははるかに複雑で困難なものになるのである。このような場合にこそ忍耐が最高度に要求されるわけであるが、しかしここでは、ボルノウも指摘するように、忍耐とは、単に発達の時期を待つとか、発達のテンポに調子を合わせることではなくて、むしろ人間的な弱さを理解しながら共に歩むということである。またそれは、弱さをもった人間に対してつねに愛と信頼との心を寄せ続けるという意味における忍耐のことであり、これは、深い人間的なつながりを基礎にしてのみ可能なのである。この点から見ても、愛と信頼の人ペスタロッチー、特にシュタンツにおけるペスタロッチーは、まさに「忍耐の典型」そのものであったと言えよう。

最後に、以上述べてきた教育者の四つの徳について、次のように図示しておこう。

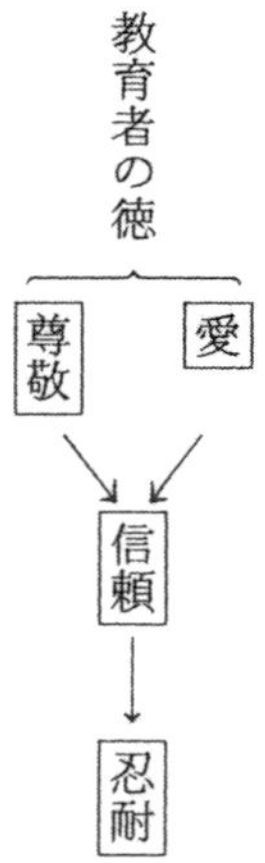

これを説明すれば、教育者の徳の根源は、愛及び尊敬であり、両者は信頼へ合流する。一方において愛するがゆえに、他方において尊敬するがゆえに、信頼し、信頼するがゆえに忍耐が可能となる。それゆえ、愛と尊敬こそ、以下の徳の根源であり、かつ不可欠な前提である。愛と尊敬が欠けると、他の徳は、生じようもないと見てよい。しかし、愛と尊敬のいずれがより重要であるかは、一般論としてこれを述べることはできない。教育者の違いによって、すなわち父親か母親か、親か教師か、幼い子どもの教師か成人の教師かによって、あるいは一人ひとりの教育者の個性によって、あるものが他のもの以上に要求され、両者の強調のされ方が異なってもよいであろう。

第二節　保護者と教師の望ましい関係

1　保護者に尊敬され、信頼される教師

かつて教師は、一般の保護者に比べて学歴、学識、教養などの点でまさっており、かなり尊敬され信頼されていた。ところがその後、社会全体の高学歴化、高度文明化によって、保護者の学歴水準も高まり、教師の社会的地位は、相対的に低下してしまった。しかし今でもやはり、保護者は、尊敬でき、信頼できる教師を求め続けている。だからこそ、教師批判も、なおさら激しくなってきたのではなかろうか。保護者に尊敬される教師は、おそらく信頼もされるであろう。尊敬されるがゆえに信頼され、信頼されれば、教師の方もますます信頼するようになる。それゆえに、保護者

に尊敬されることこそ、保護者に信頼されることの、そして保護者と教師の相互信頼の始まりであり、不可欠な前提であると言える。

ところが、よく考えてみると、子どもに尊敬され信頼される、もしくは愛され信頼される教師は、しばしば保護者にも尊敬され信頼されるのではなかろうか。子どもの教師に対する尊敬や信頼は、純粋なものである。たとえ保護者が教師をどのように見ようとも、子どもは、ある程度子ども自身の思いで、教師にぶつかってくる。また、教師に対する自分の思いを保護者にも告げる。これは、きわめて強い力を持っている。子どもと教師の間に、相互の尊敬と信頼の関係が成立していれば、それによって保護者の教師に対する尊敬と信頼も深まる(もちろん、保護者が直接教師に接することによって、そうなることもある)。かなり偏見の強い無理解な保護者でさえ、少しずつそれから脱却してくれる。この意味でも、子どもの力は、高く評価されてよい。

子どもにも、保護者にも尊敬され信頼される教師になるためには、まずよい授業ができなくてはならない。第五章でも述べたように、学校の教育活動の大半を占める授業に熱心であり、授業力があることが求められる。授業に怠惰で、それが下手であれば、それだけでも教師失格と言える。教師失格は、もちろん、道徳の教師としても失格である。授業が十年一日のごとくマンネリズムになってしまったり、授業力の劣っている教師に対しては、子どもも保護者も不満を感じ、これが積もり積もると教師をあらゆる面で、従って人間的・道徳的な面でも尊敬できなくなり、ついに教師不信に陥ってしまうことであろう。

逆に、授業がすばらしい、先生のおかげでよく理解できる、と子どもたちが感じた時には、彼らはおのずと教師を尊敬し、信頼するに至るであろう。そうして、子どもたちのこの気持ちは、いずれ保護者にも伝わっていくであろう。まことに授業の巧拙は、まず師弟の関係に、それから保護者と教師の関係にも、大きな影響を及ぼすものである。

よい授業ができるためには、豊かで正確な知識が必要である。子どもたちは、教師の知識が広くて深いと感ずる場合には、おのずと教師を尊敬し信頼するようになるであろう。反対に、教師の知識や学識が乏しく、教えることに「うそ」や「ごまかし」も多いということに気づくようになれば、たとえその教師のいわゆる狭義の道徳には欠点がなくても、子どもたちは決して教師を尊敬することはできない。澤柳政太郎も今から約百年前に指摘しているように、師弟関係の紊《みだ》れの主な原因は、教師の人格問題よりも、むしろ知識の欠乏にあると見てよい。しかも、これは、保護者と教師の関係についても言えることである、と筆者は考える。

ところが、知識や学識が教育実践に具体化されるためには、教育方法や教育技術との結合が必要である。教育実践の科学的研究と、その実際的応用への努力と熟練を離れて、知識の現実化はありえない。少なくとも教師については、方法や技術のない教育は、教育とは言えない。知識のみならず、教育愛も、専門的な教育技術との結合が必要であって、両者は相互依存関係にあり、一応のバランスがとれていなくてはならぬ。技術なくしては、愛は具体化できず、愛なくしては、技術は空転してしまう。魂のぬけた、ただの教育になってしまうであろう。

優れた教育技術を有し、しかもただ子どものためにのみ生きる愛の教師、その子どもに対して手際よく、かつ愛情深く並々ならぬ世話と指導をする教師を見るにつけ、保護者はごく自然に頭が下がる。教師を尊敬し、信頼せずにはおれなくなるであろう。他方、そのような教師を子どもは愛し、愛するがゆえに信頼もできる。そしてこの子どもの教師に対する信頼は、その保護者にも伝わり、保護者の教師に対する信頼をさらに深めることであろう。

その他、「えこひいき」をせず、どの子にも「公平」な教師が、誰からも尊敬を受け信頼されるであろう。そうした教師の学級は、訪問者がそこに一歩足を踏み入れただけで、何かほのぼのと心温まる雰囲気が感じ取られるであろう。すばらしい学級の様子、みごとな学級経営を見るたびに、また子どもから聞くたびに、保護者は教師に敬服せずにはおれない。

さらに、「偽善」「表裏ある言動」「完成者意識」などがあっては、敬遠され不信感を抱かれても、決して尊敬も信頼もしてもらえないであろう。思えば、教師にとって、いな人間にとってきわめて大切なものは、素直で純な心、わだかまりのない透明な心ではなかろうか。飾ることのないさながらの人間そのもの、また「人間らしい人間」であって初めて、真に尊敬に値すると言える。こうした「人間らしい教師」こそ、最初はともかく、長い目で見ればやがて必ずや、子どもからも保護者からも、真に深く信頼されるようになるであろう。

いうまでもなく、教師は、豊かな人間性と社会性、深い学識と教養、誠実さと高い人格、優れた教育技術などを有していることにこしたことはない。しかし、第五章でも述べたように、未熟な教師であってもよい。完成されていること以上に大切なことは、不断に若々しく成長し続けることではなかろうか。教師は、つねに精神的な若さを失わずに日々新たに成長、もしくは向上し続けなくてはならない。しかし、これは、自分みずから自分を教育することによるほかない。「若さと不断の自己教育」、これこそまさに、教師に対して子どもと保護者とが、つねに強く期待し続けているものなのである。そうして、この期待に応えることができる場合には、子どもや保護者の教師に対する尊敬はより高まり、従って信頼も格別に深まるのである。

2 保護者と教師の協力・連携

人間形成や道徳教育は、本質的に人格に関係するいとなみだから、尊敬、信頼などの心のつながりを欠くことができない。このことは、右に考察したように、保護者と教師との間についても言える。保護者と教師とのそうした心のつながりこそ、両者が協力・連携して子どもの道徳教育について共々に考え、かつ実践することができる、前提なのである。保護者と教師との協力・連携のためには、相互のコミュニケーションが必要であろう。その方法としては、心に響くような学級通信、要領を得た連絡帳、電話などによるもの、また家庭訪問、懇談会のように直接面会して話し合うものもある。これらいろいろな方法によって、教師は保護者と密に連絡をとりあるいは接触して、家庭における子どもの生活実態、すなわち起床・就寝の時刻、家事の手伝い、友人関係、遊び方、テレビの見方、家庭学習の状況などを知らせてもらい、これらとの関連において子どもの道徳的な実態を把握すべきであろう。また教師も、学校における子どもの道徳的な実態を、必要に応じて保護者に伝えるのが好ましい。

家庭における子どもの道徳的な実態がつかめたら、あるいはそれをつかみながら、教師は、その望ましく好ましい点については、さらにこれを助長し、不十分な点については、これを補完する必要があろう。

今日、いわゆる家庭の教育機能の低下に伴って、保護者は、本来ならばみずからの仕事である、わが子のしつけや基本的生活習慣の形成まで教師に要求してくる。まるで親がわりになれと言わんばかりに、いろいろ注文が多すぎる。こうしたことは本来なら間違いであり、保護者と教師は原則として、また可能な限り、それぞれ役割を分担すべきであると言ってよい。しかし、原則的には間違った保護者の要求であっても、教師はまず一度は、それに耳を傾けなくてはならない。というのは、保護者の間違いと怠慢をはっきり指摘し、原則論と理詰めで押し通そうとするよりも、むしろどうしてよいか分からず悩み、苦しみ、迷っている保護者と共に考え、そこから子どもの道徳教育について何らかのきっかけを見いだすことの方が大切だからである。教師が、保護者と教師との役割分担を保護者に向かって主張し、それを保護者に分かってもらい、協力してもらおうとするにせよ、まず最初に保護者の側の考えや要求などに耳を傾けるべきであろう。そうすれば、教師は、保護者の役割の補足としての学校におけるしつけや生活習慣の形成にも、無関心でいることはできなくなる。ただ、こうしたことは、教師にとってあくまでも補足であって、学校における人間形成という教師固有の仕事の遂行こそ、さらに重要であることは言うまでもない。

一方において、しつけや育児など保護者に固有な仕事があり、他方において、例えば授業のような教師に固有の仕事がある。しかし、右に述べたように、教師が保護者の仕事を一部補足することもあるし、逆に子どもの家庭学習の援助などに際して、保護者が教師の仕事を部分的に補うこともある。そうした場合に忘れてならぬことは、各々の固有な役割をそれぞれが自覚すると共に、他の側に対して、つまり保護者が教師に対して、また教師が保護者に対してそれぞれの固有な役割を互いに尊重した上で、無用な干渉や批判をできるだけ慎むことではなかろうか。双方が、相手に一任する、という一面も大切である。もしこの一面が欠けていたら、保護者と教師の人間関係はもつれ、両者の協力・連携は、きわめて困難となるであろう。

ところで、保護者と教師の双方に共通する仕事、両者がほぼ対等の立場で取り組むことのできる、またそうすべきである、そのような課題もあるに違いない。この両者の「共通課題」に取り組むためには、保護者と教師の協力・連携が必要であるが、逆に共通の課題に取り組むなかで共に流した汗と涙、その過程における並々ならぬ苦労と努力、親しい触れ合いなどが、保護者と教師の協力・連携をより確実なものにしていくとも言える。そうしたなかで、相互の信頼関係も育ってゆき、人間関係も好ましいものとなるであろう。各々に固有な課題には、互いに干渉しない方がよい領域があるので、もし双方のいずれか一方でもそれを侵犯したら、互いの人間関係はもつれてしまう。しかし、共通の課題の場合には、その心配は比較的少ない。それゆえ、保護者と教師の協力や連帯は、まずこの共通の課題への取り組みということから開始され、年月を重ねるにつれてしだいに、本来は各々に固有の課題であるような領域へと及ぶのもよかろう。

それでは、共通の課題には、どのようなものがあるだろうか。例えば、「子どものテレビの見すぎに対する対処のしかた」ということも、それである。子どもの道徳性に大きな影響を与えると言われているテレビについて、保護者と教師は、真剣に話し合い、知恵を出し合い、対策を立てなくてはならぬ。

次に、「近隣及び学校における遊び仲間の育成」という課題もある。仲間づくりを促し、グループ活動を助けることは、子どもの道徳性と道徳的実践意欲とを高め、健全な生活態度を培うために欠くことができない。

さらにまた、「集団登校」も、保護者と教師の協力が必要な共通課題である。今日では、学年を越えた子どもたちの交わりや仲間づくりは容易ではないが、この難点を克服する役割を集団登校は果たすことができるであろう。集合と出発の時間を守ることによって、規則への服従を身をもって知る。通学の道すがら話を交わし、いろいろ助け助けられた経験が、互いを結びつけ一つにして、集団精神を培うことであろう。

右の例は、ほんの一部にすぎない。保護者と教師が、子どもの道徳教育に関して共通に関心を持ち、共通に直面している問題を話し合い、考え合うことを通して、保護者と教師との人間関係は、しだいに親密になっていくであろう。これは、まさに一石二鳥である。

ところで、ここで私たちは、ものごとの根本に立ち返らなくてはならぬ。保護者と教師とのコミュニケーションの方法や、協力・連携のしかたにはいろいろあるが、そのいずれによる場合でも、一瞬も忘れてならぬものは子どもであり、つねに子どもを眼中に置き、これを軸にしてあらゆる話題が展開し、あらゆる協同が行われるべきであろう。保護者と教師の間の通信や議論も、子どもの立場や気持を十分考えないままに行われては意味がない。また、教師が保護者に対して必要以上に気をつかったり、面子《メンツ》を考え体裁ぶったり、あるいは形式にこだわったりするのはよくない。そういうことでは、連絡にせよ、懇談にせよ、ますます子どものことから離れてしまう。

子どもから離れて、教育はない。保護者と教師の連絡や懇談、あるいはいろいろな課題への協同的な取り組みも必要ではあるが、教師にとってははるかに重要なことは、子どもの教育そのものではなかろうか。保護者と教師の連絡や懇談、会合などは、ある程度の回数にとどめておき、子どもの教育自体の方に、おしみなく時間と労力を使うべきであろう。教師は、直接保護者に働きかけるよりも、むしろ子どもの指導を通して、保護者の信頼、協力、理解を得るべきではなかろうか。

参考文献

ボルノウ、森昭・岡田渥美訳『教育を支えるもの』黎明書房、一九六九年。

ボルノウ、玉川大学教育学科編『教育者の徳について』玉川大学出版部、一九八二年。

ボルノウ、森田孝訳『徳の現象学』白水社、一九八三年。

ケルシェンシュタイナー、玉井成光訳『教育者の心』協同出版、一九七六年。

長田新編『ペスタロッチー全集』第八巻、平凡社、一九七四年。

ペスタロッチー、長田新訳『隠者の夕暮れ　シュタンツだより』岩波文庫、一九七六年。

長田新著『教育学』岩波書店、一九六七年。

ハヴィガースト、荘司雅子訳『人間の発達課題と教育』牧書店、一九五八年。

杉谷雅文著『現代教育の革新』玉川大学出版部、一九七三年。

新堀通也著『教師の良識』ぎょうせい、一九七五年。

新堀通也編著『道徳教育』福村出版、一九七七年。

『澤柳政太郎全集』6「教師と教師像」、国土社、一九七七年。

新堀通也・小笠原道雄編著『教育学』福村出版、一九八〇年。

シュプランガー、村田昇・山邊光宏共訳『教育学的展望――現代の教育問題』東信堂、一九九三年。

シュプランガー、村田昇・山邊光宏共訳『人間としての生き方を求めて――人間生活と心の教育』東信堂、一九九六年。

山邊光宏著『教育の本質を求めて』東信堂、二〇〇五年。

山邊光宏著『シュプランガー教育学の宗教思想的研究』東信堂、二〇〇六年。

道徳教育参考資料抄(原則として平成二十一年三月末現在による)

学事奨励に関する被抑出書《おおせいだされしょ》

一八七二(明治五)年八月二日
太政官布告(第二一四号)

人々自《みずか》ら其身を立て其産《さん》《しんだい》を治《をさ》め其業《げふ》《とせい》を昌《さかん》にして以て其生《せい》《いつしよう》を遂《とぐ》るゆゑんのものは他《た》なし身を脩《をさ》め智《ち》《ちへ》を開《ひら》き才芸《さいげい》《きりやうわざ》を長《ちよう》《ます》ずるによるなり而て其身を脩め知を開き才芸を長ずるは学にあらざれば能《あた》はず是れ学校《がくかう》《がくもんじよ》の設《もうけ》あるゆゑんにして日用《にちよう》《ひびの》常行《じやうこう》《みのおこない》言語書算《げんぎよしよさん》《ことばづかいてならいそろばん》を初《はじ》め士官農商百工《しかんのうしようひやくこう》《やくにん》技芸《ぎげい》及び法律政治天文《はうりつせいじてんもん》医療《いれう》《やまひいやす》等に至る迄凡人の営《いとな》むところの事学《がくもん》あらさるはなし人能く其才のあるところに応《おう》《まかせ》じ勉励《べんれい》《つとめはげみ》して之に従事《じうじ》《よりしたがい》ししかして後初て生を治め産を興《おこ》し業を昌にするを得べしされば学問《がくもん》は身を立るの財本《ざいほん》《もとで》ともいふべきものにして人たるもの誰か学ばずして可ならんや夫《か》の道路《どうろ》《みち》に迷《まよ》ひ飢餓《きが》《くひものなき》に陥《おちい》り家を破り身を喪《うしなふ》《なくする》の徒《と》《ともがら》の如きは畢竟《ひつきようふ》《つまり》不学《がく》《がくもんせぬ》よりしてかゝる過《あやま》ちを生ずるなり従来《じうらい》《もとから》学校の設ありてより年を歴《ふ》ること久しといへども或は其道を得ざるよりして人其方向《はうこう》《めあて》を誤《あやま》《まちがい》り学問は士人《しじん》《さむらい》以上の事とし農工商及婦女子に至つては之を度外《どぐわい》《のけもの》におき学問の何物《なにもの》たるを辨《べん》ぜず又士人以上の稀《まれ》に学ぶものも動《やや》もすれば国家《こくか》《くに》の為にすと唱《とな》へ身を立るの基《もとゐ》たるを知《しら》ずして或は詞章《ししやう》《ことばのあやそらよみ》記誦《きしよう》の末に趨《はし》り空理虚談《くうりきよだん》《むだりくつそらばなし》の途に陥《おちい》《はまり》り其論高尚《ろんかうしやう》《りつぱ》に似たりといへども之を身に行《おこな》ひ事に施《ほどこ》すこと能《あたわ》ざるもの少からず是すなはち沿襲《えんしう》《しきたり》の習弊《しうへい》《わるきくせ》にして文明《ぶんめい》《ひらけかた》普《あま》ねからず才芸の長せずして貧乏破《びんぼうは》《まずし》産喪家《さんさうか》《しんだいくずしいへをなくす》の徒《と》《ともがら》多きゆゑんなり是故に人たるものは学はずんはあるべからず之を学ぶに宜しく其旨を誤るべからず之に依て今般文部省《もんぶしやう》に於て学制《がくせい》《がくもんのしかた》を定め追々教則《きやうそく》《をしへかた》をも改正《かいせい》し布告に及ぶべきにつき自今以後《じこんいご》《いまよりのち》一般《いつぱん》《いちどう》の人民《ひとびと》華士族農工商及婦女子必ず邑《いふ》《むら》に不学の戸なく家に不学の人なからしめん事を期《き》《まつ》す人の父兄《ふけい》《ちちあに》たるもの宜しく此意を体認《たいにん》《こころえ》し其愛育《あいいく》《かわいがる》の情《じやう》《こころ》を厚《あつ》くし其子弟をして必ず学に従事せしめざるべからざるものなり高上の学に至ては其人の材能に任かすといへども幼童の子弟は男女の別なく小学に従事せしめざるものは其父兄の越度たるべき事

但従来沿襲《じうらいえんしう》《これまでしきたり》の弊《へい》《くせ》学問は士人以上の事とし国家の為にすと唱ふるを以て学《がく》費《ひ》《けいこいりやう》及其衣《い》食《しよく》《きものくひもの》の用に至る迄多く官《くわん》《やくしよ》に依《い》頼《らい》《よりもたれ》し之を給《きふ》《くださる》するに非されば学《まなば》ざる事と思ひ一生を自《じ》棄《き》《じぶんからすて》するもの少からず是皆惑《まど》へるの甚《はなはだ》しきもの也自今以後《いまからのち》此等の弊《へい》を改め一般《いちどう》の人民他《た》事《じ》《ほかのこと》を抛《なげう》《すておき》ち自ら奮《ふるつ》《はげみ》て必ず学《がくもん》に従《じう》事《じ》《よりしたがい》せしむべき様心得べき事

右之通被　仰出候条地方官ニ於テ辺隅小民ニ至ル迄不洩様便宜解釈ヲ加ヘ精細申論文部省規則ニ随ヒ学問普及致候様方法ヲ設可施行事

明治五年壬申七月

太　政　官

教育ニ関スル勅語

一八九〇(明治二三)年一〇月三〇日

朕《ちん》惟《おも》フニ我《わ》カ皇祖皇宗《こうそこうそう》國《くに》ヲ肇《はじ》ムルコト宏遠《こうえん》ニ徳《とく》ヲ樹《た》ツルコト深《しん》厚《こう》ナリ我《わ》カ臣民《しんみん》克《よ》ク忠《ちゆう》ニ克《よ》ク孝《こう》ニ億兆心《おくちようこころ》ヲ一《いつ》ニシテ世世厥《よよそ》ノ美《び》ヲ濟《な》セルハ此《こ》レ我《わ》カ國體《こくたい》ノ精華《せいか》ニシテ教育《きよういく》ノ淵源亦實《えんげんまたじつ》ニ此《ここ》ニ存《そん》ス爾臣民《なんじしんみん》父母《ふぼ》ニ孝《こう》ニ兄弟《けいてい》ニ友《ゆう》ニ夫婦相和《ふうふあいわ》シ朋友相信《ほうゆうあいしん》シ恭儉己《きようけんおの》レヲ持《じ》シ博愛衆《はくあいしゆう》ニ及《およ》ホシ學《がく》ヲ修《おさ》メ業《ぎよう》ヲ習《なら》ヒ以《もつ》テ知能《ちのう》ヲ啓發《けいはつ》シ徳器《とつき》ヲ成就《じようじゆ》シ進《すすん》テ公益《こうえき》ヲ廣《ひろ》メ世務《せいむ》ヲ開《ひら》キ常《つね》ニ國憲《こつけん》ヲ重《おもん》シ國法《こくほう》ニ遵《したが》ヒ一旦緩急《いつたんかんきゆう》アレハ義勇公《ぎゆうこう》ニ奉《ほう》シ以《もつ》テ天壤無《てんじようむ》窮《きゆう》ノ皇運《こううん》ヲ扶翼《ふよく》スヘシ是《かく》ノ如《ごと》キハ獨《ひと》リ朕《ちん》カ忠良《ちゆうりよう》ノ臣民《しんみん》タルノミナラス又以《またもつ》テ爾祖先《なんじそせん》ノ遺風《いふう》ヲ顯彰《けんしよう》スルニ足《た》ラン斯《こ》ノ道《みち》ハ實《じつ》ニ我《わ》カ皇祖皇宗《こうそこうそう》ノ遺訓《いくん》ニシテ子孫臣民《しそんしんみん》ノ倶《とも》ニ遵守《じゆんしゆ》スヘキ所之《ところこれ》ヲ古今《ここん》ニ通《つう》シテ謬《あやま》ラス之《これ》ヲ中外《ちゆうがい》ニ施《ほどこ》シテ悖《もと》ラス朕爾臣民《ちんなんじしんみん》ト倶《とも》ニ拳々服膺《けんけんふくよう》シテ咸其徳《みなそのとく》ヲ一《いつ》ニセンコトヲ庶幾《こいねが》フ

明治二十三年十月三十日

御名御璽《ぎよめいぎよじ》

日本国憲法（昭和21年11月3日公布）

第三章　国民の権利及び義務

第14条　すべて国民は、法の下に平等であつて、人種、信条、性別、社会的身分又は門地により、政治的、経済的又は社会的関係において、差別されない。（以下省略）

第19条　思想及び良心の自由は、これを侵してはならない。

第20条　信教の自由は、何人に対してもこれを保障する。いかなる宗教団体も、国から特権を受け、又は政治上の権力を行使してはならない。

② 何人も、宗教上の行為、祝典、儀式又は行事に参加することを強制されない。

③ 国及びその機関は、宗教教育その他いかなる宗教的活動もしてはならない。

第21条　集会、結社及び言論、出版その他一切の表現の自由は、これを保障する。

② 検閲は、これをしてはならない。通信の秘密は、これを侵してはならない。

第23条　学問の自由は、これを保障する。

第26条　すべて国民は、法律の定めるところにより、その能力に応じて、ひとしく教育を受ける権利を有する。

② すべて国民は、法律の定めるところにより、その保護する子女に普通教育を受けさせる義務を負ふ。義務教育は、これを無償とする。

第27条　すべて国民は、勤労の権利を有し、義務を負ふ。

② 賃金、就業時間、休息その他の勤労条件に関する基準は、法律でこれを定める。

③ 児童は、これを酷使してはならない。

第十一章　補足

第100条　この憲法は、公布の日から起算して六箇月を経過した日（昭22年5月3日）から、これを施行する。（以下省略）

教育基本法

（昭和22年3月31日　法律第25号
改正　平成18年12月22日　法律第120号）

前　文

我々日本国民は、たゆまぬ努力によって築いてきた民主的で文化的な国家を更に発展させるとともに、世界の平和と人類の福祉の向上に貢献することを願うものである。

我々は、この理想を実現するため、個人の尊厳を重んじ、真理と正義を希求し、公共の精神を尊び、豊かな人間性と創造性を備えた人間の育成を期するとともに、伝統を継承し、新しい文化の創造を目指す教育を推進する。

ここに、我々は、日本国憲法の精神にのっとり、我が国の未来を切り拓《ひら》く教育の基本を確立し、その振興を図るため、この法律を制定する。

第一章　教育の目的及び理念

（教育の目的）

第1条　教育は、人格の完成を目指し、平和で民主的な国家及び社会の形成者として必要な資質を備えた心身ともに健康な国民の育成を期して行われなければならない。

（教育の目標）

第2条　教育は、その目的を実現するため、学問の自由を尊重しつつ、次に掲げる目標を達成するよう行われるものとする。

1　幅広い知識と教養を身に付け、真理を求める態度を養い、豊かな情操と道徳心を培うとともに、健やかな身体を養うこと。

2　個人の価値を尊重して、その能力を伸ばし、創造性を培い、自主及び自律の精神を養うとともに、職業及び生活との関連を重視し、勤労を重んずる態度を養うこと。

3　正義と責任、男女の平等、自他の敬愛と協力を重んずるとともに、公共の精神に基づき、主体的に社会の形成に参画し、その発展に寄与する態度を養うこと。

4　生命を尊び、自然を大切にし、環境の保全に寄与する態度を養うこと。

5　伝統と文化を尊重し、それらをはぐくんできた我が国と郷土を愛するとともに、他国を尊重し、国際社会の平和と発展に寄与する態度を養うこと。

（生涯学習の理念）

第3条　国民一人一人が、自己の人格を磨き、豊かな人生を送ることができるよう、その生涯にわたって、あらゆる機会に、あらゆる場所において学習することができ、その成果を適切に生かすことのできる社会の実現が図られなければならない。

（教育の機会均等）

第4条　すべて国民は、ひとしく、その能力に応じた教育を受ける機会を与えられなければならず、人種、信条、性別、社会的身分、経済的地位又は門地によって、教育上差別されない。

2　国及び地方公共団体は、障害のある者が、その障害の状態に応じ、十分な教育を受けられるよう、教育上必要な支援を講じなければならない。

3　国及び地方公共団体は、能力があるにもかかわらず、経済的理由によって修学が困難な者に対して、奨学の措置を講じなければならない。

第二章　教育の実施に関する基本

（義務教育）

第5条　国民は、その保護する子に、別に法律で定めるところにより、普通教育を受けさせる義務を負う。

2　義務教育として行われる普通教育は、各個人の有する能力を伸ばしつつ社会において自立的に生きる基礎を培い、また、国家及び社会の形成者として必要とされる基本的な資質を養うことを目的として行われるものとする。

3　国及び地方公共団体は、義務教育の機会を保障し、その水準を確保するため、適切な役割分担及び相互の協力の下、その実施に責任を負う。

4　国又は地方公共団体の設置する学校における義務教育については、授業料を徴収しない。

（学校教育）

第6条　法律に定める学校は、公の性質を有するものであって、国、地方公共団体及び法律に定める法人のみが、これを設置することができる。

2　前項の学校においては、教育の目標が達成されるよう、教育を受ける者の心身の発達に応じて、体系的な教育が組織的に行われなければならない。この場合において、教育を受ける者が、学校生活を営む上で必要な規律を重んずるとともに、自ら進んで学習に取り組む意欲を高めることを重視して行われなければならない。

（大学）

第7条　大学は、学術の中心として、高い教養と専門的能力を培うとともに、深く真理を探究して新たな知見を創造し、これらの成果を広く社会に提供することにより、社会の発展に寄与するものとする。

2　大学については、自主性、自律性その他の大学における教育及び研究の特性が尊重されなければならない。

（私立学校）

第8条　私立学校の有する公の性質及び学校教育において果たす重要な役割にかんがみ、国及び地方公共団体は、その自主性を尊重しつつ、助成その他の適当な方法によって私立学校教育の振興に努めなければならない。

（教員）

第9条　法律に定める学校の教員は、自己の崇高な使命を深く自覚し、絶えず研究と修養に励み、その職責の遂行に努めなければならない。

2　前項の教員については、その使命と職責の重要性にかんがみ、その身分は尊重され、待遇の適正が期せられるとともに、養成と研修の充実が図られなければならない。

（家庭教育）

第10条　父母その他の保護者は、子の教育について第一義的責任を有するものであって、生活のために必要な習慣を身に付けさせるとともに、自立心を育成し、心身の調和のとれた発達を図るよう努めるものとする。

2　国及び地方公共団体は、家庭教育の自主性を尊重しつつ、保護者に対する学習の機会及び情報の提供その他の家庭教育を支援するために必要な施策を講ずるよう努めなければならない。

（幼児期の教育）

第11条　幼児期の教育は、生涯にわたる人格形成の基礎を培う重要なものであることにかんがみ、国及び地方公共団体は、幼児の健やかな成長に資する良好な環境の整備その他適当な方法によって、その振興に努めなければならない。

（社会教育）

第12条　個人の要望や社会の要請にこたえ、社会において行われる教育は、国及び地方公共団体によって奨励されなければならない。

2　国及び地方公共団体は、図書館、博物館、公民館その他の社会教育施設の設置、学校の施設の利用、学習の機会及び情報の提供その他の適当な方法によって社会教育の振興に努めなければならない。

（学校、家庭及び地域住民等の相互の連携協力）

第13条　学校、家庭及び地域住民その他の関係者は、教育におけるそれぞれの役割と責任を自覚するとともに、相互の連携及び協力に努めるものとする。

（政治教育）

第14条　良識ある公民として必要な政治的教養は、教育上尊重されなければならない。

2　法律に定める学校は、特定の政党を支持し、又はこれに反対するための政治教育その他政治的活動をしてはならない。

（宗教教育）

第15条　宗教に関する寛容の態度、宗教に関する一般的な教養及び宗教の社会生活における地位は、教育上尊重されなければならない。

2　国及び地方公共団体が設置する学校は、特定の宗教のための宗教教育その他宗教的活動をしてはならない。

第三章　教育行政

（教育行政）

第16条　教育は、不当な支配に服することなく、この法律及び他の法律の定めるところにより行われるべきものであり、教育行政は、国と地方公共団体との適切な役割分担及び相互の協力の下、公正かつ適正に行われなければならない。

2　国は、全国的な教育の機会均等と教育水準の維持向上を図るため、教育に関する施策を総合的に策定し、実施しなければならない。

3　地方公共団体は、その地域における教育の振興を図るため、その実情に応じた教育に関する施策を策定し、実施しなければならない。

4　国及び地方公共団体は、教育が円滑かつ継続的に実施されるよう、必要な財政上の措置を講じなければならない。

（教育振興基本計画）

第17条　政府は、教育の振興に関する施策の総合的かつ計画的な推進を図るため、教育の振興に関する施策についての基本的な方針及び講ずべき施策その他必要な事項について、基本的な計画を定め、これを国会に報告するとともに、公表しなければならない。

2　地方公共団体は、前項の計画を参酌し、その地域の実情に応じ、当該地方公共団体における教育の振興のための施策に関する基本的な計画を定めるよう努めなければならない。

第四章　法令の制定

第18条　この法律に規定する諸条項を実施するため、必要な法令が制定されなければならない。

附　則

1　この法律は、公布の日から施行する。

（以下省略）

小学校学習指導要領（平成27年3月27日　一部改正　平成30年4月1日から施行）

第1章　総　則

第1　教育課程編成の一般方針

1　各学校においては、教育基本法及び学校教育法その他の法令並びにこの章以下に示すところに従い、児童の人間として調和のとれた育成を目指し、地域や学校の実態及び児童の心身の発達の段階や特性を十分考慮して、適切な教育課程を編成するものとし、これらに掲げる目標を達成するよう教育を行うものとする。

学校の教育活動を進めるに当たっては、各学校において、児童に生きる力をはぐくむことを目指し、創意工夫を生かした特色ある教育活動を展開する中で、基礎的・基本的な知識及び技能を確実に習得させ、これらを活用して課題を解決するために必要な思考力、判断力、表現力その他の能力をはぐくむとともに、主体的に学習に取り組む態度を養い、個性を生かす教育の充実に努めなければならない。その際、児童の発達の段階を考慮して、児童の言語活動を充実するとともに、家庭との連携を図りながら、児童の学習習慣が確立するよう配慮しなければならない。

2　学校における道徳教育は、特別の教科である道徳（以下「道徳科」という。）を要として学校の教育活動全体を通じて行うものであり、道徳科はもとより、各教科、外国語活動、総合的な学習の時間及び特別活動のそれぞれの特質に応じて、児童の発達の段階を考慮して、適切な指導を行わなければならない。

道徳教育は、教育基本法及び学校教育法に定められた教育の根本精神に基づき、自己の生き方を考え、主体的な判断の下に行動し、自立した人間として他者と共によりよく生きるための基盤となる道徳性を養うことを目標とする。

道徳教育を進めるに当たっては、人間尊重の精神と生命に対する畏敬の念を家庭、学校、その他社会における具体的な生活の中に生かし、豊かな心をもち、伝統と文化を尊重し、それらを育んできた我が国と郷土を愛し、個性豊かな文化の創造を図るとともに、平和で民主的な国家及び社会の形成者として、公共の精神を尊び、社会及び国家の発展に努め、他国を尊重し、国際社会の平和と発展や環境の保全に貢献し未来を拓《ひら》く主体性のある日本人の育成に資することとなるよう特に留意しなければならない。

3　学校における体育・健康に関する指導は、児童の発達の段階を考慮して、学校の教育活動全体を通じて適切に行うものとする。特に、学校における食育の推進並びに体力の向上に関する指導、安全に関する指導及び心身の健康の保持増進に関する指導については、体育科の時間はもとより、家庭科、特別活動などにおいてもそれぞれの特質に応じて適切に行うよう努めることとする。また、それらの指導を通して、家庭や地域社会との連携を図りながら、日常生活において適切な体育・健康に関する活動の実践を促し、生涯を通じて健康・安全で活力ある生活を送るための基礎が培われるよう配慮しなければならない。

第2　内容等の取扱いに関する共通的事項

1　第2章以下に示す各教科、道徳科、外国語活動及び特別活動の内容に関する事項は、特に示す場合を除き、いずれの学校においても取り扱わなければならない。

2　学校において特に必要がある場合には、第2章以下に示していない内容を加えて指導することができる。また、第2章以下に示す内容の取扱いのうち内容の範囲や程度等を示す事項は、全ての児童に対して指導するものとする内容の範囲や程度等を示したものであり、学校において特に必要がある場合には、この事項にかかわらず指導することができる。ただし、これらの場合には、第2章以下に示す各教科、道徳科、外国語活動及び特別活動並びに各学年の目標や内容の趣旨を逸脱したり、児童の負担過重となったりすることのないようにしなければならない。

3　第2章以下に示す各教科、道徳科、外国語活動及び特別活動並びに各学年の内容に掲げる事項の順序は、特に示す場合を除き、指導の順序を示すものではないので、学校においては、その取扱いについて適切な工夫を加えるものとする。

4　学年の目標及び内容を2学年まとめて示した教科及び外国語活動の内容は、2学年間かけて指導する事項を示したものである。各学校においては、これらの事項を地域や学校及び児童の実態に応じ、2学年間を見通して計画的に指導することとし、特に示す場合を除き、いずれかの学年に分けて、又はいずれの学年においても指導するものとする。

5　学校において2以上の学年の児童で編制する学級について特に必要がある場合には、各教科、道徳科、外国語活動及び特別活動の目標の達成に支障のない範囲内で、各教科、道徳科、外国語活動及び特別活動の目標及び内容について学年別の順序によらないことができる。

6　道徳科を要として学校の教育活動全体を通じて行う道徳教育の内容は、第3章特別の教科道徳の第2に示す内容とする。

第4　指導計画の作成等に当たって配慮すべき事項

3　道徳教育を進めるに当たっては、次の事項に配慮するものとする。

(1)　各学校においては、第1の2に示す道徳教育の目標を踏まえ、道徳教育の全体計画を作成し、校長の方針の下に、道徳教育の推進を主に担当する教師（以下「道徳教育推進教師」という。）を中心に、全教師が協力して道徳教育を展開すること。なお、道徳教育の全体計画の作成に当たっては、児童、学校及び地域の実態を考慮して、学校の道徳教育の重点目標を設定するとともに、道徳科の指導方針、第3章特別の教科道徳の第2に示す内容との関連を踏まえた各教科、外国語活動、総合的な学習の時間及び特別活動における指導の内容及び時期並びに家庭や地域社会との連携の方法を示すこと。

(2)　各学校においては、児童の発達の段階や特性等を踏まえ、指導内容の重点化を図ること。その際、各学年を通じて、自立心や自律性、生命を尊重する心や他者を思いやる心を育てることに留意すること。また、各学年段階においては、次の事項に留意すること。

ア　第1学年及び第2学年においては、挨拶などの基本的な生活習慣を身に付けること、善悪を判断し、してはならないことをしないこと、社会生活上のきまりを守ること。

イ　第3学年及び第4学年においては、善悪を判断し、正しいと判断したことを行うこと、身近な人々と協力し助け合うこと、集団や社会のきまりを守ること。

ウ　第5学年及び第6学年においては、相手の考え方や立場を理解して支え合うこと、法やきまりの意義を理解して進んで守ること、集団生活の充実に努めること、伝統と文化を尊重し、それらを育んできた我が国と郷土を愛するとともに、他国を尊重すること。

(3)　学校や学級内の人間関係や環境を整えるとともに、集団宿泊活動やボランティア活動、自然体験活動、地域の行事への参加などの豊かな体験を充実すること。また、道徳教育の指導内容が、児童の日常生活に生かされるようにすること。その際、いじめの防止や安全の確保等にも資することとなるよう留意すること。

(4)　学校の道徳教育の全体計画や道徳教育に関する諸活動な

どの情報を積極的に公表したり、道徳教育の充実のために家庭や地域の人々の積極的な参加や協力を得たりするなど、家庭や地域社会との共通理解を深め、相互の連携を図ること。

第3章　特別の教科　道　徳

第1　目　標

第1章総則の第1の2に示す道徳教育の目標に基づき、よりよく生きるための基盤となる道徳性を養うため、道徳的諸価値についての理解を基に、自己を見つめ、物事を多面的・多角的に考え、自己の生き方についての考えを深める学習を通して、道徳的な判断力、心情、実践意欲と態度を育てる。

第2　内　容

学校の教育活動全体を通じて行う道徳教育の要である道徳科においては、以下に示す項目について扱う。

A　主として自分自身に関すること

［善悪の判断、自律、自由と責任］

〔第1学年及び第2学年〕

よいことと悪いこととの区別をし、よいと思うことを進んで行うこと。

〔第3学年及び第4学年〕

正しいと判断したことは、自信をもって行うこと。

〔第5学年及び第6学年〕

自由を大切にし、自律的に判断し、責任のある行動をすること。

［正直、誠実］

〔第1学年及び第2学年〕

うそをついたりごまかしをしたりしないで、素直に伸び伸びと生活すること。

〔第3学年及び第4学年〕

過ちは素直に改め、正直に明るい心で生活すること。

〔第5学年及び第6学年〕

誠実に、明るい心で生活すること。

［節度、節制］

〔第1学年及び第2学年〕

健康や安全に気を付け、物や金銭を大切にし、身の回りを整え、わがままをしないで、規則正しい生活をすること。

〔第3学年及び第4学年〕

自分でできることは自分でやり、安全に気を付け、よく考えて行動し、節度のある生活をすること。

〔第5学年及び第6学年〕

安全に気を付けることや、生活習慣の大切さについて理解し、自分の生活を見直し、節度を守り節制に心掛けること。

［個性の伸長］

〔第1学年及び第2学年〕

自分の特徴に気付くこと。
〔第3学年及び第4学年〕
自分の特徴に気付き、長所を伸ばすこと。
〔第5学年及び第6学年〕
自分の特徴を知って、短所を改め長所を伸ばすこと。
［希望と勇気、努力と強い意志］
〔第1学年及び第2学年〕
自分のやるべき勉強や仕事をしっかりと行うこと。
〔第3学年及び第4学年〕
自分でやろうと決めた目標に向かって、強い意志をもち、粘り強くやり抜くこと。
〔第5学年及び第6学年〕
より高い目標を立て、希望と勇気をもち、困難があってもくじけずに努力して物事をやり抜くこと。
［真理の探究］
〔第5学年及び第6学年〕
真理を大切にし、物事を探究しようとする心をもつこと。

B　主として人との関わりに関すること

［親切、思いやり］
〔第1学年及び第2学年〕
身近にいる人に温かい心で接し、親切にすること。
〔第3学年及び第4学年〕
相手のことを思いやり、進んで親切にすること。
〔第5学年及び第6学年〕
誰に対しても思いやりの心をもち、相手の立場に立って親切にすること。
［感謝］
〔第1学年及び第2学年〕
家族など日頃世話になっている人々に感謝すること。
〔第3学年及び第4学年〕
家族など生活を支えてくれている人々や現在の生活を築いてくれた高齢者に、尊敬と感謝の気持ちをもって接すること。
〔第5学年及び第6学年〕
日々の生活が家族や過去からの多くの人々の支え合いや助け合いで成り立っていることに感謝し、それに応えること。
［礼儀］
〔第1学年及び第2学年〕
気持ちのよい挨拶、言葉遣い、動作などに心掛けて、明るく接すること。
〔第3学年及び第4学年〕
礼儀の大切さを知り、誰に対しても真心をもって接すること。
〔第5学年及び第6学年〕
時と場をわきまえて、礼儀正しく真心をもって接すること。

〔友情、信頼〕

〔第1学年及び第2学年〕

友達と仲よくし、助け合うこと。

〔第3学年及び第4学年〕

友達と互いに理解し、信頼し、助け合うこと。

〔第5学年及び第6学年〕

友達と互いに信頼し、学び合って友情を深め、異性についても理解しながら、人間関係を築いていくこと。

〔相互理解、寛容〕

〔第3学年及び第4学年〕

自分の考えや意見を相手に伝えるとともに、相手のことを理解し、自分と異なる意見も大切にすること。

〔第5学年及び第6学年〕

自分の考えや意見を相手に伝えるとともに、謙虚な心をもち、広い心で自分と異なる意見や立場を尊重すること。

C 主として集団や社会との関わりに関すること

〔規則の尊重〕

〔第1学年及び第2学年〕

約束やきまりを守り、みんなが使う物を大切にすること。

〔第3学年及び第4学年〕

約束や社会のきまりの意義を理解し、それらを守ること。

〔第5学年及び第6学年〕

法やきまりの意義を理解した上で進んでそれらを守り、自他の権利を大切にし、義務を果たすこと。

〔公正、公平、社会正義〕

〔第1学年及び第2学年〕

自分の好き嫌いにとらわれないで接すること。

〔第3学年及び第4学年〕

誰に対しても分け隔てをせず、公正、公平な態度で接すること。

〔第5学年及び第6学年〕

誰に対しても差別をすることや偏見をもつことなく、公正、公平な態度で接し、正義の実現に努めること。

〔勤労、公共の精神〕

〔第1学年及び第2学年〕

働くことのよさを知り、みんなのために働くこと。

〔第3学年及び第4学年〕

働くことの大切さを知り、進んでみんなのために働くこと。

〔第5学年及び第6学年〕

働くことや社会に奉仕することの充実感を味わうとともに、その意義を理解し、公共のために役に立つことをすること。

〔家族愛、家庭生活の充実〕

〔第1学年及び第2学年〕
父母、祖父母を敬愛し、進んで家の手伝いなどをして、家族の役に立つこと。
〔第3学年及び第4学年〕
父母、祖父母を敬愛し、家族みんなで協力し合って楽しい家庭をつくること。
〔第5学年及び第6学年〕
父母、祖父母を敬愛し、家族の幸せを求めて、進んで役に立つことをすること。
［よりよい学校生活、集団生活の充実］
〔第1学年及び第2学年〕
先生を敬愛し、学校の人々に親しんで、学級や学校の生活を楽しくすること。
〔第3学年及び第4学年〕
先生や学校の人々を敬愛し、みんなで協力し合って楽しい学級や学校をつくること。
〔第5学年及び第6学年〕
先生や学校の人々を敬愛し、みんなで協力し合ってよりよい学級や学校をつくるとともに、様々な集団の中での自分の役割を自覚して集団生活の充実に努めること。
［伝統と文化の尊重、国や郷土を愛する態度］
〔第1学年及び第2学年〕
我が国や郷土の文化と生活に親しみ、愛着をもつこと。
〔第3学年及び第4学年〕
我が国や郷土の伝統と文化を大切にし、国や郷土を愛する心をもつこと。
〔第5学年及び第6学年〕
我が国や郷土の伝統と文化を大切にし、先人の努力を知り、国や郷土を愛する心をもつこと。
［国際理解、国際親善］
〔第1学年及び第2学年〕
他国の人々や文化に親しむこと。
〔第3学年及び第4学年〕
他国の人々や文化に親しみ、関心をもつこと。
〔第5学年及び第6学年〕
他国の人々や文化について理解し、日本人としての自覚をもって国際親善に努めること。

D　主として生命や自然、崇高なものとの関わりに関すること

［生命の尊さ］
〔第1学年及び第2学年〕
生きることのすばらしさを知り、生命を大切にすること。
〔第3学年及び第4学年〕
生命の尊さを知り、生命あるものを大切にすること。
〔第5学年及び第6学年〕
生命が多くの生命のつながりの中にあるかけがえのないものであることを理解し、生命を尊重すること。
［自然愛護］

〔第1学年及び第2学年〕
身近な自然に親しみ、動植物に優しい心で接すること。
〔第3学年及び第4学年〕
自然のすばらしさや不思議さを感じ取り、自然や動植物を大切にすること。
〔第5学年及び第6学年〕
自然の偉大さを知り、自然環境を大切にすること。
［感動、畏敬の念］
〔第1学年及び第2学年〕
美しいものに触れ、すがすがしい心をもつこと。
〔第3学年及び第4学年〕
美しいものや気高いものに感動する心をもつこと。
〔第5学年及び第6学年〕
美しいものや気高いものに感動する心や人間の力を超えたものに対する畏敬の念をもつこと。
［よりよく生きる喜び］
〔第5学年及び第6学年〕
よりよく生きようとする人間の強さや気高さを理解し、人間として生きる喜びを感じること。

第3　指導計画の作成と内容の取扱い

1　各学校においては、道徳教育の全体計画に基づき、各教科、外国語活動、総合的な学習の時間及び特別活動との関連を考慮しながら、道徳科の年間指導計画を作成するものとする。なお、作成に当たっては、第2に示す各学年段階の内容項目について、相当する各学年において全て取り上げることとする。その際、児童や学校の実態に応じ、2学年間を見通した重点的な指導や内容項目間の関連を密にした指導、一つの内容項目を複数の時間で扱う指導を取り入れるなどの工夫を行うものとする。

2　第2の内容の指導に当たっては、次の事項に配慮するものとする。

(1)　校長や教頭などの参加、他の教師との協力的な指導などについて工夫し、道徳教育推進教師を中心とした指導体制を充実すること。

(2)　道徳科が学校の教育活動全体を通じて行う道徳教育の要としての役割を果たすことができるよう、計画的・発展的な指導を行うこと。特に、各教科、外国語活動、総合的な学習の時間及び特別活動における道徳教育としては取り扱う機会が十分でない内容項目に関わる指導を補うことや、児童や学校の実態等を踏まえて指導をより一層深めること、内容項目の相互の関連を捉え直したり発展させたりすることに留意すること。

(3)　児童が自ら道徳性を養う中で、自らを振り返って成長を実感したり、これからの課題や目標を見付けたりすることができるよう工夫すること。その際、道徳性を養うことの意義について、児童自らが考え、理解し、主体的に学習に取り組むことができるようにすること。

(4) 児童が多様な感じ方や考え方に接する中で、考えを深め、判断し、表現する力などを育むことができるよう、自分の考えを基に話し合ったり書いたりするなどの言語活動を充実すること。

(5) 児童の発達の段階や特性等を考慮し、指導のねらいに即して、問題解決的な学習、道徳的行為に関する体験的な学習等を適切に取り入れるなど、指導方法を工夫すること。その際、それらの活動を通じて学んだ内容の意義などについて考えることができるようにすること。また、特別活動等における多様な実践活動や体験活動も道徳科の授業に生かすようにすること。

(6) 児童の発達の段階や特性等を考慮し、第2に示す内容との関連を踏まえつつ、情報モラルに関する指導を充実すること。また、児童の発達の段階や特性等を考慮し、例えば、社会の持続可能な発展などの現代的な課題の取扱いにも留意し、身近な社会的課題を自分との関係において考え、それらの解決に寄与しようとする意欲や態度を育てるよう努めること。なお、多様な見方や考え方のできる事柄について、特定の見方や考え方に偏った指導を行うことのないようにすること。

(7) 道徳科の授業を公開したり、授業の実施や地域教材の開発や活用などに家庭や地域の人々、各分野の専門家等の積極的な参加や協力を得たりするなど、家庭や地域社会との共通理解を深め、相互の連携を図ること。

3 教材については、次の事項に留意するものとする。

(1) 児童の発達の段階や特性、地域の実情等を考慮し、多様な教材の活用に努めること。特に、生命の尊厳、自然、伝統と文化、先人の伝記、スポーツ、情報化への対応等の現代的な課題などを題材とし、児童が問題意識をもって多面的・多角的に考えたり、感動を覚えたりするような充実した教材の開発や活用を行うこと。

(2) 教材については、教育基本法や学校教育法その他の法令に従い、次の観点に照らし適切と判断されるものであること。

ア 児童の発達の段階に即し、ねらいを達成するのにふさわしいものであること。

イ 人間尊重の精神にかなうものであって、悩みや葛藤等の心の揺れ、人間関係の理解等の課題も含め、児童が深く考えることができ、人間としてよりよく生きる喜びや勇気を与えられるものであること。

ウ 多様な見方や考え方のできる事柄を取り扱う場合には、特定の見方や考え方に偏った取扱いがなされていないものであること。

4 児童の学習状況や道徳性に係る成長の様子を継続的に把握し、指導に生かすよう努める必要がある。ただし、数値などによる評価は行わないものとする。

中学校学習指導要領

（平成27年3月27日　一部改正
平成31年4月1日から施行）

第1章　総　則

第1　教育課程編成の一般方針

1　各学校においては、教育基本法及び学校教育法その他の法令並びにこの章以下に示すところに従い、生徒の人間として調和のとれた育成を目指し、地域や学校の実態及び生徒の心身の発達の段階や特性等を十分考慮して、適切な教育課程を編成するものとし、これらに掲げる目標を達成するよう教育を行うものとする。

学校の教育活動を進めるに当たっては、各学校において、生徒に生きる力をはぐくむことを目指し、創意工夫を生かした特色ある教育活動を展開する中で、基礎的・基本的な知識及び技能を確実に習得させ、これらを活用して課題を解決するために必要な思考力、判断力、表現力その他の能力をはぐくむとともに、主体的に学習に取り組む態度を養い、個性を生かす教育の充実に努めなければならない。その際、生徒の発達の段階を考慮して、生徒の言語活動を充実するとともに、家庭との連携を図りながら、生徒の学習習慣が確立するよう配慮しなければならない。

2　学校における道徳教育は、特別の教科である道徳（以下「道徳科」という。）を要として学校の教育活動全体を通じて行うものであり、道徳科はもとより、各教科、総合的な学習の時間及び特別活動のそれぞれの特質に応じて、生徒の発達の段階を考慮して、適切な指導を行わなければならない。

道徳教育は、教育基本法及び学校教育法に定められた教育の根本精神に基づき、人間としての生き方を考え、主体的な判断の下に行動し、自立した人間として他者と共によりよく生きるための基盤となる道徳性を養うことを目標とする。

道徳教育を進めるに当たっては、人間尊重の精神と生命に対する畏敬の念を家庭、学校、その他社会における具体的な生活の中に生かし、豊かな心をもち、伝統と文化を尊重し、それらを育んできた我が国と郷土を愛し、個性豊かな文化の創造を図るとともに、平和で民主的な国家及び社会の形成者として、公共の精神を尊び、社会及び国家の発展に努め、他国を尊重し、国際社会の平和と発展や環境の保全に貢献し未来を拓《ひら》く主体性のある日本人の育成に資することとなるよう特に留意しなければならない。

第2　内容等の取扱いに関する共通的事項

1　第2章以下に示す各教科、道徳科及び特別活動の内容に関する事項は、特に示す場合を除き、いずれの学校においても取り扱わなければならない。

2　学校において特に必要がある場合には、第2章以下に示していない内容を加えて指導することができる。また、第2章以下に示す内容の取扱いのうち内容の範囲や程度等を示す事項は、全ての生徒に対して指導するものとする内容の範囲や程度等を示したものであり、学校において特に必要がある場合には、この事項にかかわらず指導することができる。ただし、これらの場合には、第2章以下に示す各教科、道徳科及び特別活動並びに各学年、各分野又は各言語の目標や内容の趣旨を逸脱したり、生徒の負担過重となったりすることのないようにしなければならない。

3 第2章以下に示す各教科、道徳科及び特別活動並びに各学年、各分野又は各言語の内容に掲げる事項の順序は、特に示す場合を除き、指導の順序を示すものではないので、学校においては、その取扱いについて適切な工夫を加えるものとする。

4 学校において2以上の学年の生徒で編制する学級について特に必要がある場合には、各教科の目標の達成に支障のない範囲内で、各教科の目標及び内容について学年別の順序によらないことができる。

第4 指導計画の作成等に当たって配慮すべき事項

3 道徳教育を進めるに当たっては、次の事項に配慮するものとする。

(1) 各学校においては、第1の2に示す道徳教育の目標を踏まえ、道徳教育の全体計画を作成し、校長の方針の下に、道徳教育の推進を主に担当する教師(以下「道徳教育推進教師」という。)を中心に、全教師が協力して道徳教育を展開すること。なお、道徳教育の全体計画の作成に当たっては、生徒、学校及び地域の実態を考慮して、学校の道徳教育の重点目標を設定するとともに、道徳科の指導方針、第3章特別の教科道徳の第2に示す内容との関連を踏まえた各教科、総合的な学習の時間及び特別活動における指導の内容及び時期並びに家庭や地域社会との連携の方法を示すこと。

(2) 各学校においては、生徒の発達の段階や特性等を踏まえ、指導内容の重点化を図ること。その際、小学校における道徳教育の指導内容を更に発展させ、自立心や自律性を高め、規律ある生活をすること、生命を尊重する心や自らの弱さを克服して気高く生きようとする心を育てること、法やきまりの意義に関する理解を深めること、自らの将来の生き方を考え主体的に社会の形成に参画する意欲と態度を養うこと、伝統と文化を尊重し、それらを育んできた我が国と郷土を愛するとともに、他国を尊重すること、国際社会に生きる日本人としての自覚を身に付けることに留意すること。

(3) 学校や学級内の人間関係や環境を整えるとともに、職場体験活動やボランティア活動、自然体験活動、地域の行事への参加などの豊かな体験を充実すること。また、道徳教育の指導内容が、生徒の日常生活に生かされるようにすること。その際、いじめの防止や安全の確保等にも資することとなるよう留意すること。

(4) 学校の道徳教育の全体計画や道徳教育に関する諸活動な

どの情報を積極的に公表したり、道徳教育の充実のために家庭や地域の人々の積極的な参加や協力を得たりするなど、家庭や地域社会との共通理解を深め、相互の連携を図ること。

第3章　特別の教科　道　徳

第1　目　標

第1章総則の第1の2に示す道徳教育の目標に基づき、よりよく生きるための基盤となる道徳性を養うため、道徳的諸価値についての理解を基に、自己を見つめ、物事を広い視野から多面的・多角的に考え、人間としての生き方についての考えを深める学習を通して、道徳的な判断力、心情、実践意欲と態度を育てる。

第2　内　容

学校の教育活動全体を通じて行う道徳教育の要である道徳科においては、以下に示す項目について扱う。

A　主として自分自身に関すること

[自主、自律、自由と責任]

自律の精神を重んじ、自主的に考え、判断し、誠実に実行してその結果に責任をもつこと。

[節度、節制]

望ましい生活習慣を身に付け、心身の健康の増進を図り、節度を守り節制に心掛け、安全で調和のある生活をすること。

[向上心、個性の伸長]

自己を見つめ、自己の向上を図るとともに、個性を伸ばして充実した生き方を追求すること。

[希望と勇気、克己と強い意志]

より高い目標を設定し、その達成を目指し、希望と勇気をもち、困難や失敗を乗り越えて着実にやり遂げること。

[真理の探究、創造]

真実を大切にし、真理を探究して新しいものを生み出そうと努めること。

B　主として人との関わりに関すること

[思いやり、感謝]

思いやりの心をもって人と接するとともに、家族などの支えや多くの人々の善意により日々の生活や現在の自分があることに感謝し、進んでそれに応え、人間愛の精神を深めること。

[礼儀]

礼儀の意義を理解し、時と場に応じた適切な言動をとること。

[友情、信頼]

友情の尊さを理解して心から信頼できる友達をもち、互いに励まし合い、高め合うとともに、異性についての理解を深め、悩みや葛藤も経験しながら人間関係を深めていくこと。

［相互理解、寛容］
自分の考えや意見を相手に伝えるとともに、それぞれの個性や立場を尊重し、いろいろなものの見方や考え方があることを理解し、寛容の心をもって謙虚に他に学び、自らを高めていくこと。

C 主として集団や社会との関わりに関すること

［遵法精神、公徳心］
法やきまりの意義を理解し、それらを進んで守るとともに、そのよりよい在り方について考え、自他の権利を大切にし、義務を果たして、規律ある安定した社会の実現に努めること。
［公正、公平、社会正義］
正義と公正さを重んじ、誰に対しても公平に接し、差別や偏見のない社会の実現に努めること。
［社会参画、公共の精神］
社会参画の意識と社会連帯の自覚を高め、公共の精神をもってよりよい社会の実現に努めること。
［勤労］
勤労の尊さや意義を理解し、将来の生き方について考えを深め、勤労を通じて社会に貢献すること。
［家族愛、家庭生活の充実］
父母、祖父母を敬愛し、家族の一員としての自覚をもって充実した家庭生活を築くこと。
［よりよい学校生活、集団生活の充実］
教師や学校の人々を敬愛し、学級や学校の一員としての自覚をもち、協力し合ってよりよい校風をつくるとともに、様々な集団の意義や集団の中での自分の役割と責任を自覚して集団生活の充実に努めること。
［郷土の伝統と文化の尊重、郷土を愛する態度］
郷土の伝統と文化を大切にし、社会に尽くした先人や高齢者に尊敬の念を深め、地域社会の一員としての自覚をもって郷土を愛し、進んで郷土の発展に努めること。
［我が国の伝統と文化の尊重、国を愛する態度］
優れた伝統の継承と新しい文化の創造に貢献するとともに、日本人としての自覚をもって国を愛し、国家及び社会の形成者として、その発展に努めること。
［国際理解、国際貢献］
世界の中の日本人としての自覚をもち、他国を尊重し、国際的視野に立って、世界の平和と人類の発展に寄与すること。

D 主として生命や自然、崇高なものとの関わりに関すること

［生命の尊さ］
生命の尊さについて、その連続性や有限性なども含めて理解し、かけがえのない生命を尊重すること。
［自然愛護］
自然の崇高さを知り、自然環境を大切にすることの意義を理解し、進んで自然の愛護に努めること。
［感動、畏敬の念］
美しいものや気高いものに感動する心をもち、人間の

力を超えたものに対する畏敬の念を深めること。

［よりよく生きる喜び］

人間には自らの弱さや醜さを克服する強さや気高く生きようとする心があることを理解し、人間として生きることに喜びを見いだすこと。

第3　指導計画の作成と内容の取扱い

1　各学校においては、道徳教育の全体計画に基づき、各教科、総合的な学習の時間及び特別活動との関連を考慮しながら、道徳科の年間指導計画を作成するものとする。なお、作成に当たっては、第2に示す内容項目について、各学年において全て取り上げることとする。その際、生徒や学校の実態に応じ、3学年間を見通した重点的な指導や内容項目間の関連を密にした指導、一つの内容項目を複数の時間で扱う指導を取り入れるなどの工夫を行うものとする。

2　第2の内容の指導に当たっては、次の事項に配慮するものとする。

(1)　学級担任の教師が行うことを原則とするが、校長や教頭などの参加、他の教師との協力的な指導などについて工夫し、道徳教育推進教師を中心とした指導体制を充実すること。

(2)　道徳科が学校の教育活動全体を通じて行う道徳教育の要としての役割を果たすことができるよう、計画的・発展的な指導を行うこと。特に、各教科、総合的な学習の時間及び特別活動における道徳教育としては取り扱う機会が十分でない内容項目に関わる指導を補うことや、生徒や学校の実態等を踏まえて指導をより一層深めること、内容項目の相互の関連を捉え直したり発展させたりすることに留意すること。

(3)　生徒が自ら道徳性を養う中で、自らを振り返って成長を実感したり、これからの課題や目標を見付けたりすることができるよう工夫すること。その際、道徳性を養うことの意義について、生徒自らが考え、理解し、主体的に学習に取り組むことができるようにすること。また、発達の段階を考慮し、人間としての弱さを認めながら、それを乗り越えてよりよく生きようとすることのよさについて、教師が生徒と共に考える姿勢を大切にすること。

(4)　生徒が多様な感じ方や考え方に接する中で、考えを深め、判断し、表現する力などを育むことができるよう、自分の考えを基に討論したり書いたりするなどの言語活動を充実すること。その際、様々な価値観について多面的・多角的な視点から振り返って考える機会を設けるとともに、生徒が多様な見方や考え方に接しながら、更に新しい見方や考え方を生み出していくことができるよう留意すること。

(5)　生徒の発達の段階や特性等を考慮し、指導のねらいに即して、問題解決的な学習、道徳的行為に関する体験的な学習等を適切に取り入れるなど、指導方法を工夫すること。その際、それらの活動を通じて学んだ内容の意義などについて考えることができるようにすること。また、特別活動等における多様な実践活動や体験活動も道徳科の授業に生かすようにすること。

(6) 生徒の発達の段階や特性等を考慮し、第2に示す内容との関連を踏まえつつ、情報モラルに関する指導を充実すること。また、例えば、科学技術の発展と生命倫理との関係や社会の持続可能な発展などの現代的な課題の取扱いにも留意し、身近な社会的課題を自分との関係において考え、その解決に向けて取り組もうとする意欲や態度を育てるよう努めること。なお、多様な見方や考え方のできる事柄について、特定の見方や考え方に偏った指導を行うことのないようにすること。

(7) 道徳科の授業を公開したり、授業の実施や地域教材の開発や活用などに家庭や地域の人々、各分野の専門家等の積極的な参加や協力を得たりするなど、家庭や地域社会との共通理解を深め、相互の連携を図ること。

3 教材については、次の事項に留意するものとする。

(1) 生徒の発達の段階や特性、地域の実情等を考慮し、多様な教材の活用に努めること。特に、生命の尊厳、社会参画、自然、伝統と文化、先人の伝記、スポーツ、情報化への対応等の現代的な課題などを題材とし、生徒が問題意識をもって多面的・多角的に考えたり、感動を覚えたりするような充実した教材の開発や活用を行うこと。

(2) 教材については、教育基本法や学校教育法その他の法令に従い、次の観点に照らし適切と判断されるものであること。

ア 生徒の発達の段階に即し、ねらいを達成するのにふさわしいものであること。

イ 人間尊重の精神にかなうものであって、悩みや葛藤等の心の揺れ、人間関係の理解等の課題も含め、生徒が深く考えることができ、人間としてよりよく生きる喜びや勇気を与えられるものであること。

ウ 多様な見方や考え方のできる事柄を取り扱う場合には、特定の見方や考え方に偏った取扱いがなされていないものであること。

4 生徒の学習状況や道徳性に係る成長の様子を継続的に把握し、指導に生かすよう努める必要がある。ただし、数値などによる評価は行わないものとする。

人名索引

【ラ行】

【ナ行】

【ハ行】

【マ行】

【ヤ行】

事項索引

※〔　〕は類似の別表現または追加表現、（ ）は補足説明を示す。

■著者紹介

山邊　光宏（やまべ　みつひろ）〔旧姓片山〕

1941年、山口県に生まれる。
1969年、広島大学大学院修士課程修了。
広島大学教育学部助手を経て、現在、安田女子大学・大学院教授、博士（文学）。
教育哲学・思想専攻。

主要著訳書

『新しい道徳教育の探究』（共著）学習研究社、1979年。『ドイツにおける教育学の発展』（共著）学文社、1984年。『道徳教育の理論と実践』（共著）福村出版、1985年。シュプランガー『教育学的展望――現代の教育問題』（共訳）東信堂、1987年。『道徳教育論』（共著）ミネルヴァ書房、1979年（初版）、1985年（全訂版）、1990年（新版）。『道徳教育原論』（共著）福村出版、1991年。『シュプランガーと現代の教育』（共著）玉川大学出版部、1995年。シュプランガー『人間としての生き方を求めて――人間生活と心の教育』（共訳）東信堂、1996年。『近代教育思想の展開』（共著）福村出版、2000年。『人間形成の基礎理論』東信堂、1994年（初版）、2000年（第2版）、2009年（第3版）、2015年（第4版）。『新世紀・道徳教育の創造』（共著）東信堂、2002年、『教育の本質を求めて』東信堂、2005年。『シュプランガー教育学の宗教思想的研究』東信堂、2006年。

現住所　広島市安芸区上瀬野南一丁目1985番地（〒739-0303）

人間形成の基礎理論［第四版］

1994年1月20日　初　版第1刷発行　〔検印省略〕
2000年9月15日　第二版第1刷発行
2009年9月15日　第三版第1刷発行
2015年10月1日　第四版第1刷発行

＊定価はカバーに表示してあります

著者 © 山邊光宏　発行者　下田勝司　　印刷・製本　中央精版印刷

東京都文京区向丘1-20-6　郵便振替　00110-6-37828
〒113-0023　TEL 03-3818-5521(代)　FAX 03-3818-5514

発行所
株式会社 東信堂

E-Mail tk203444@fsinet.or.jp　URL：http://www.toshindo-pub.com/

Published by TOSHINDO PUBLISHING CO.,LTD.

1-20-6,Mukougaoka, Bunkyo-ku, Tokyo, 113-0023, Japan

ISBN978-4-7989-1316-2　C3037　Copyright©Mitsuhiro Yamabe

東信堂

子どもが生きられる空間—生・経験・意味生成　高橋　勝　二四〇〇円

流動する生の自己生成—教育人間学の視界　高橋　勝　二四〇〇円

子ども・若者の自己形成空間—教育人間学の視線から　高橋勝編著　二七〇〇円

文化変容のなかの子ども—経験・他者・関係性　高橋　勝　二三〇〇円

関係性の教育倫理—教育哲学的考察　川久保学　二八〇〇円

マナーと作法の社会学　加野芳正編著　二四〇〇円

マナーと作法の人間学　矢野智司編著　二〇〇〇円

学びを支える活動へ—存在論の深みから　田中智志編著　二〇〇〇円

グローバルな学びへ—協同と刷新の教育　田中智志編著　二〇〇〇円

教育の共生体へ—ボディエデュケーショナルの思想圏　田中智志編　三五〇〇円

人格形成概念の誕生—近代アメリカの教育概念史　田中智志　三六〇〇円

社会性概念の構築—アメリカ進歩主義教育の概念史　田中智志　三八〇〇円

教員養成を哲学する—教育哲学に何ができるか　林泰成・山名淳・下司晶・古屋恵太編著　四二〇〇円

大学教育の臨床的研究—臨床的人間形成論第1部　田中毎実　二八〇〇円

臨床的人間形成論の構築—臨床的人間形成論第2部　田中毎実　二八〇〇円

君は自分と通話できるケータイを持っているか—「現代の諸課題と学校教育」講義　小西正雄　二〇〇〇円

教育文化人間論—知の逍遥／論の越境　小西正雄　二四〇〇円

アメリカ　間違いがまかり通っている時代—公立学校の企業型改革への批判と解決法　D・ラヴィッチ著　末藤美津子訳　三八〇〇円

教育による社会的正義の実現—アメリカの挑戦（1945-1980）　D・ラヴィッチ著　末藤美津子訳　五六〇〇円

学校改革抗争の100年—20世紀アメリカ教育史　D・ラヴィッチ著　末藤・宮本・佐藤訳　六四〇〇円

地上の迷宮と心の楽園〔コメニウスセレクション〕　J・コメニウス　藤田輝夫訳　三六〇〇円

パンパイデイア〔コメニウスセレクション〕—生涯にわたる教育の改善　J・コメニウス　太田光一訳　五八〇〇円

〒113-0023　東京都文京区向丘 1-20-6　TEL 03-3818-5521　FAX03-3818-5514　振替 00110-6-37828
Email tk203444@fsinet.or.jp　URL:http://www.toshindo-pub.com/

※定価：表示価格（本体）＋税

東信堂

未曾有の国難に教育は応えられるか―「じひょう」と教育研究六〇年	新堀通也	三二〇〇円
新堀通也、その仕事	新堀通也先生追悼集刊行委員会編	三六〇〇円
ポストドクター―若手研究者養成の現状と課題	北野秋男	三六〇〇円
日本のティーチング・アシスタント制度―大学教育の改善と人的資源の活用	北野秋男編著	二八〇〇円
「再」取得学歴を問う―専門職大学院の教育と学習	吉田文編著	二八〇〇円
航行を始めた専門職大学院	吉田文・橋本鉱市	二六〇〇円
学級規模と指導方法の社会学―実態と教育効果	山崎博敏	二二〇〇円
夢追い形進路形成の功罪―高校改革の社会学	荒川葉	二八〇〇円
進路形成に対する「在り方生き方指導」の功罪―高校進路指導の社会学	望月由起	三六〇〇円
教育から職業へのトランジション―若者の就労と進路職業選択の社会学	山内乾史編著	二六〇〇円
教育と不平等の社会理論―再生産論をこえて	小内透	三二〇〇円
〈シリーズ 日本の教育を問いなおす〉		
拡大する社会格差に挑む教育	西村和雄・大森不二雄・倉元直樹・木村拓也編	二四〇〇円
混迷する評価の時代―教育評価を根底から問う	西村和雄・大森不二雄・倉元直樹・木村拓也編	二四〇〇円
教育における評価とモラル	西村和雄・戸瀬信之編	二四〇〇円
〈大転換期と教育社会構造：地域社会変革の社会論的考察〉		
第1巻 教育社会史―日本とイタリアと	小林甫	七八〇〇円
第2巻 現代的教養Ⅰ―生活者生涯学習の地域的展開	小林甫	六八〇〇円
第2巻 現代的教養Ⅱ―技術者生涯学習の生成と展望	小林甫	六八〇〇円
第3巻 学習力変革―地域自治と社会構築	小林甫	近刊
第4巻 社会共生力―東アジアと成人学習	小林甫	近刊

〒113-0023 東京都文京区向丘 1-20-6　TEL 03-3818-5521　FAX03-3818-5514　振替 00110-6-37828
Email tk203444@fsinet.or.jp　URL:http://www.toshindo-pub.com/

※定価：表示価格（本体）＋税

東信堂

大学の自己変革とオートノミー—点検から創造へ	寺崎昌男	二五〇〇円
大学教育の創造—歴史・システム・カリキュラム	寺崎昌男	二五〇〇円
大学教育の可能性—教養教育・評価・実践	寺崎昌男	二五〇〇円
大学は歴史の思想で変わる—FD・評価・私学	寺崎昌男	二八〇〇円
大学改革　その先を読む	寺崎昌男	一三〇〇円
大学自らの総合力—理念とFD そしてSD	寺崎昌男	二〇〇〇円
アウトカムに基づく大学教育の質保証—チューニングとアセスメントにみる世界の動向	深堀聰子	三六〇〇円
高等教育質保証の国際比較	羽田貴史・米澤彰純・杉本和弘編	三六〇〇円
学士課程教育の質保証へむけて—学生調査と初年次教育からみえてきたもの	山田礼子	三二〇〇円
大学教育を科学する—学生の教育評価の国際比較	山田礼子編著	三六〇〇円
主体的学び　創刊号	主体的学び研究所編	一八〇〇円
主体的学び　2号	主体的学び研究所編	一六〇〇円
主体的学び　3号	主体的学び研究所編	一六〇〇円
「主体的学び」につなげる評価と学習方法—カナダで実践されるICEモデル	S・ヤング&R・ウィルソン著　土持ゲーリー法一監訳	一〇〇〇円
ポートフォリオが日本の大学を変える—ティーチング／ラーニング／アカデミック・ポートフォリオの活用	土持ゲーリー法一	二五〇〇円
ティーチング・ポートフォリオ—授業改善の秘訣	土持ゲーリー法一	二〇〇〇円
ラーニング・ポートフォリオ—学習改善の秘訣	土持ゲーリー法一	二五〇〇円
アクティブラーニングと教授学習パラダイムの転換	溝上慎一	二四〇〇円
大学生の学習ダイナミクス—授業内外のラーニング・ブリッジング	河井亨	四五〇〇円
「学び」の質を保証するアクティブラーニング—3年間の全国大学調査から	河合塾編著	二〇〇〇円
「深い学び」につながるアクティブラーニング—全国大学の学科調査報告とカリキュラム設計の課題	河合塾編著	二八〇〇円
アクティブラーニングでなぜ学生が成長するのか—経済系・工学系の全国大学調査からみえてきたこと	河合塾編著	二八〇〇円
初年次教育でなぜ学生が成長するのか—全国大学調査からみえてきたこと	河合塾編著	二八〇〇円
IT時代の教育プロ養成戦略—日本初のeラーニング専門家養成ネット大学院の挑戦	大森不二雄編	二六〇〇円

〒113-0023　東京都文京区向丘 1-20-6　TEL 03-3818-5521　FAX03-3818-5514　振替 00110-6-37828
Email tk203444@fsinet.or.jp　URL:http://www.toshindo-pub.com/

※定価：表示価格（本体）＋税